MODERN LANGUAGES STUDY GUI[obscured]
FILM STUDY GUIDE FOR AS/A-LEVEL [obscured]

Les choristes

dir.
Christophe Barratier

Karine Harrington

HODDER EDUCATION
AN HACHETTE UK COMPANY

The Publishers would like to thank the following for permission to reproduce copyright material.

Photo credits

pp.10, 18, 23, 25, 32 AF Archive/Alamy; **pp.33, 34, 42** United Archives GmbH/Alamy; **pp.51, 54, 55, 60** AF Archive/Alamy

Every effort has been made to trace all copyright holders, but if any have been inadvertently overlooked, the Publishers will be pleased to make the necessary arrangements at the first opportunity.

Although every effort has been made to ensure that website addresses are correct at time of going to press, Hodder Education cannot be held responsible for the content of any website mentioned in this book. It is sometimes possible to find a relocated web page by typing in the address of the home page for a website in the URL window of your browser.

Hachette UK's policy is to use papers that are natural, renewable and recyclable products and made from wood grown in well-managed forests and other controlled sources. The logging and manufacturing processes are expected to conform to the environmental regulations of the country of origin.

Orders: please contact Bookpoint Ltd, 130 Park Drive, Milton Park, Abingdon, Oxon OX14 4SE. Telephone: (44) 01235 827827. Fax: (44) 01235 400454. E-mail education@bookpoint.co.uk Lines are open from 9 a.m. to 5 p.m., Monday to Saturday, with a 24-hour message answering service. You can also order through our website: www.hoddereducation.co.uk

ISBN: 978 1 5104 3565 0

First published in 2019 by

Hodder Education,
An Hachette UK Company
Carmelite House
50 Victoria Embankment
London EC4Y 0DZ

www.hoddereducation.co.uk

Impression number 10 9 8 7 6 5 4 3 2 1

Year 2023 2022 2021 2020 2019

Cover photo © Mopic/stock.adobe.com

Typeset in India

Printed in Dubai

A catalogue record for this title is available from the British Library.

Contents

Getting the most from this guide

This guide is designed to help you to develop your understanding and critical appreciation of the concepts and issues raised in *Les choristes*, as well as your language skills, fully preparing you for your Paper 2 exam. It will help you when you are studying the film for the first time and also during your revision.

le délinquant young offender, delinquent

Key vocabulary is highlighted and translated. Make sure you know these words so you can write an essay with accurate language and a wide range of vocabulary, which is essential to receive the top mark for AO3.

A mix of French and English is used throughout the guide to ensure you learn key vocabulary and structures that you will need for your essay, while also allowing you to develop a deep understanding of the work.

The following features have been used throughout this guide to help build your language skills and focus your understanding of the film:

Activity

A mix of activities is found throughout the book to test your knowledge of the work and to develop your vocabulary and grammar. Longer writing tasks will help prepare you for your exam.

TASK

Short tasks are included throughout the book to test your knowledge of the film. These require short written answers.

GRADE BOOSTER

These top tips advise you on what to do, as well as what not to do, to maximise your chances of success in the examination.

Answers

Answers to every activity, task and critical skills question can be found online at **www.hoddereducation.co.uk/mfl-study-guide-answers.**

Build critical skills

These offer an opportunity to consider some more challenging questions. They are designed to encourage deeper thinking and analysis to take you beyond what happens in the film to explore why the director has used particular techniques, and the effects they have on you. These analytical and critical skills are essential for success in AO4 in the exam.

Key quotation

These are highlighted as they may be useful supporting evidence in your essay.

1 Synopsis

Released in 2004 and co-written by Christophe Barratier and Jean-Philippe Lopes-Curval, *Les choristes* is the story of Clément Mathieu, an unemployed teacher and 'failed musician', whose love for music touches and transforms many lives. We first see him as he arrives to take up a new appointment as a supervisor in Fond de l'Étang, a school for 'difficult' children, where he is to have a profound effect on the children, and especially on the young Pierre Morhange.

The story is narrated as a flashback: the first scene of the film features Pierre Morhange, adult, who we understand has had a prestigious career as a musician. He has returned from New York to France because his mother has passed away. After the funeral, Pierre Morhange is visited at his mother's home by an old school friend, Pépinot, who brings with him a diary that belonged to the late Clément Mathieu. The diary takes them back to 1949 when both Pierre Morhange and Pépinot were boarders at Fond de l'Étang.

January 1949. Welcomed by the little Pépinot, an orphan, and by Père Maxence, the school's caretaker, when Clément first arrives at Fond de l'Étang he is rather bewildered: the building is austere, Rachin, the headmaster, is a strict and unpleasant man, the school rules are merciless, the other teachers, Langlois and Chabert, are cold and indifferent and the children appear to be very unruly.

Clément Mathieu's first lesson does not go very well, but using his sense of humour, he deals positively with the children's taunts and manages to dissipate the negative atmosphere. Among the unruly children, we meet Pierre Morhange, whose reputation in the school precedes him.

Clément Mathieu comes up with an idea: he wants to start a choir as a way of engaging the boys' interest, an idea that is not well received by Rachin. Clément Mathieu wants to give the boys hope and to share his passion for music with them. In his own words, he is a failed musician, but he is inspired by the boys and starts writing music again, which the boys practise every evening in the dormitory.

Clément Mathieu's approach to education is in total contrast to that of the other teachers and Rachin. He treats the children with respect and shows them compassion, and in this hostile environment Clément Mathieu is a saviour for the boys.

Key quotation

« Ils ne chantent pourtant pas très bien, mais ils chantent. »

Clément Mathieu

Having been severely punished by Rachin, Pierre Morhange is not part of the choir, but one evening Clément Mathieu finds the boy singing in the empty classroom and is astonished and moved by the beauty of the boy's angelic voice.

Slowly, Clément Mathieu's music works a kind of miracle in the school. The boys seem happier, the other teachers become more humane and even Rachin seems to have been transformed by the magic of music. Pierre Morhange is now in the choir and Clément Mathieu is trying to 'tame' this distant and disaffected boy. However, Pierre resents the friendship that develops between Clément Mathieu and his mother, Violette, which hampers Clément Mathieu's efforts to win Pierre over.

The arrival at the school of another deeply troubled and challenging teenager, Pascal Mondain, also threatens Clément Mathieu's work with the choir and disrupts the newfound harmony in Fond de l'Étang. From the moment he arrives at Fond de l'Étang, Mondain rejects the authority imposed on him and bullies the other boys. When he is wrongly accused of theft by Rachin and expelled from Fond de l'Étang, the magic of Clément Mathieu's music resumes.

Summer has come. The boys and their teachers have been metamorphosed and the school, now a happy place, is hosting a concert for its benefactor. Rachin seizes on the opportunity to win praise for his supposedly successful teaching methods. Finally, forgiven by Clément Mathieu, Pierre rejoins the choir and enraptures the audience with his solo performance.

Then one day, when Rachin is away from the school, Clément Mathieu and Père Maxence decide to take the children out to the forest for a treasure hunt. While they are out, the school burns down in a fire supposedly started by Mondain as an act of revenge for his maltreatment. Rachin blames Clément Mathieu for having disobeyed the rules and dismisses him. As Clément Mathieu leaves the school, the boys, having been banned from seeing him by Rachin, launch paper planes from an upper window with personal farewell messages. Despite being sad, Clément Mathieu leaves the place a happy man, knowing that he has touched and transformed the boys.

Back in the present in Violette Morhange's home, with Pierre Morhange and Pépinot (adults), we learn what happened after Clément Mathieu's departure from Fond de l'Étang. And what a happy ending it was for the little Pépinot!

TASK

Lisez ce résumé et identifiez quelques-uns des thèmes de ce film.

2 Social and historical context

Les choristes is set in postwar France and the story spans several months, from January to summer 1949.

Les maisons de correction ou de rééducation

Depuis les années 1830, la France multipliait la création de maisons d'enfermement pour punir les jeunes **délinquants** ou « enfants difficiles ». Ces institutions étaient souvent comparées à des **bagnes** pour enfants, compte tenu des conditions dans lesquelles les enfants étaient détenus.

La France comptait aussi des « **maisons de redressement** » qui avaient pour but de « **redresser** » moralement les jeunes délinquants. Ces maisons de redressement étaient donc plus strictes que les maisons de correction qui, elles, étaient des institutions pour punir.

La discipline y était extrêmement sévère et les **pensionnaires subissaient** un régime quasi-militaire. De 1870 jusqu'à la moitié du xxe siècle, ces institutions étaient souvent à la campagne et accueillaient de grands nombres de mineurs. Malheureusement, ces jeunes étaient souvent maltraités par leurs éducateurs sous la forme de privations, de travaux d'intérêt général, de **châtiment corporel** et d'**isolement en cachot** de longue durée. La violence existait aussi entre les pensionnaires : **harcèlement** moral, **racket** et **bagarres** étaient courants.

le délinquant young offender, delinquent

le bagne labour camp

la maison de redressement reform school

redresser to rehabilitate

le/la pensionnaire boarder

subir to suffer

le châtiment corporel corporal punishment

l'isolement (*m*) en cachot solitary confinement

le harcèlement harassment

le racket threatening behaviour, usually for money

la bagarre fight

TASK

1 Regardez le début du film quand Clément Mathieu arrive à Fond de l'Étang et notez les détails qui nous font penser à une prison.

Build critical skills

1 Regardez la scène où Clément Mathieu doit punir Morhange pour avoir insulté M. Rachin avec son dessin. Analysez le moment où il entre dans le cachot.

At the time the film is set, these institutions were increasingly coming under scrutiny, owing to their strict regimes, and the welfare of the children was being questioned. In 1934 and 1937, two uprisings occurred in two such institutions and these events exposed the ruthless conditions in which the children were kept. Many intellectuals of the time, such as Sartre and Prévert, spoke out against them. Prévert, for instance, wrote a poem called 'La chasse à l'enfant'.

Key quotation

« *Action-réaction !* »

M. Rachin

Numerous campaigns were launched for the closure of these institutions and there was increasing pressure for the way they were managed to be checked and drastically reformed.

In 1945 a new body, the PJJ (Protection de la Jeunesse Juvénile), was created to oversee the management and organisation of such institutions. The PJJ ensured that more rights were given to the children and that they were educated in better, more humane, conditions.

La France d'après-guerre

la reprise économique economic recovery

le rationnement rationing

à l'époque at the time

être en mesure de faire qqch to be in a position to do sth

Mai 1945. La France venait de sortir de la guerre et a connu doucement une période de **reprise économique**. Le **rationnement** était encore en place en France et n'a pris fin qu'en décembre 1949. La guerre était finie, mais les Français devaient encore faire face aux restrictions économiques qui continuaient de toucher le pays.
De plus, suite à l'atrocité de la guerre, de nombreux enfants se sont retrouvés orphelins et furent donc envoyés dans les maisons de correction, non pas parce qu'ils étaient difficiles, mais parce que ces institutions étaient à l'époque les seules à **être en mesure de les accueillir**.

Build critical skills

2 Quel aspect de la personnalité de M. Rachin fait référence à ces restrictions économiques ?

TASK

2 Quel personnage est orphelin ?

Key quotation

« Pépinot. C'est un orphelin. Ses parents sont morts pendant l'Occupation. »

Chabert

Key quotation

« Avec son aide, j'organise la Résistance. »

Clément Mathieu

It is interesting to note that the war is hardly mentioned in the film, yet the children are dealing with its devastating aftermath.

There is a reference to the war in a song that one of the children, Boniface, proudly sings at the start of the film when Clément Mathieu is auditioning the children: *Maréchal, nous voilà*. The song refers to Maréchal Petain and his government, the Vichy regime, during the collaboration with Germany. Another reference is to Pépinot's parents, who died in the war, although no one has told Pépinot that his father will never come to collect him from the school.

Juvenile delinquency dramatically increased during the Second World War. With absent fathers and economic hardship, many children got involved in petty crime, such as stealing or dealing on the black market.

L'éducation dans les années 1940

L'éducation était très formelle et stricte, avec des punitions comme copier des centaines de lignes ou **aller au coin**. Le châtiment corporel était, malheureusement, très **courant** dans les écoles françaises de l'époque.

Les enfants étaient souvent accueillis par un **coup de sifflet** par le maitre d'école. Les salles de classe étaient peu décorées et les bureaux individuels en bois, ou pupitres, comportaient un **encrier**.

Les buts principaux de l'école de ces années étaient d'**inculquer** les valeurs républicaines et d'enseigner les fondamentaux de l'éducation, c'est-à-dire lire, écrire et compter. La musique et le sport n'étaient évidemment pas une priorité ! Malgré de nombreuses tentatives d'introduction de la musique dans les écoles au cours des XIXe et XXe siècles, l'enseignement de la musique **s'est heurté à** de nombreuses difficultés et souvent elle n'était pas considérée comme une matière essentielle au développement de l'enfant.

L'école est devenue **obligatoire** en 1905 et le gouvernement français ordonna la création d'une **échelle métrique** pour mesurer l'intelligence des enfants afin qu'ils puissent être catégorisés pour mieux répondre à leurs besoins. En 1906 fut créé le test Binet-Simon par Alfred Binet et Théodore Simon.

aller au coin to go and stand in the corner

courant(e) common

le coup de sifflet whistle blow

l'encrier (*m*) ink pot

inculquer to instil (something in someone)

se heurter à to run up against

obligatoire compulsory

l'échelle (*f*) **métrique** scale

Une classe de l'époque

Hiver comme été, les garçons devaient porter des **culottes courtes**, une chemise et un pull, souvent de couleurs sombres. Comme chaussures, ils portaient des **galoches** (des chaussures à **semelle** de bois) ou des **bottines** en cuir. Les **bretelles** étaient un accessoire très courant et utile. Quant aux cheveux, ils étaient coupés très courts et sans style ; une coupe pratique, facile à entretenir.

Les **enseignants**, pour la plupart des hommes, étaient habillés très formellement pour montrer leur autorité, et portaient un costume, souvent noir, et une cravate.

Dans la salle de classe de l'époque, le bureau de l'instituteur était souvent positionné sur une **estrade**, ce qui renforçait la supériorité et l'autorité de l'adulte sur les enfants.

Bien entendu, le **vouvoiement** entre professeurs et élèves était de rigueur.

les culottes courtes shorts

les galoches (*f*) shoes with wooden soles

la semelle sole

les bottines (*f*) ankle boots

les bretelles (*m*) braces

l'enseignant(e) teacher

l'estrade (*f*) platform

le vouvoiement using 'vous' to address someone

Key quotation

« *Labor improbus omnia vincit* » *(Work conquers all)*

Devise de l'école

TASK

4 Trouvez un exemple de châtiment corporel dans le film.

TASKS

5 Repérez à quel moment le test de Binet-Simon est mentionné et pourquoi.

6 Regardez une scène filmée dans la salle de classe et faites une description de ce que vous voyez. Est-ce une bonne représentation d'une classe des années 40 ?

les tenues (*f*) **vestimentaires** clothing

le costume suit

le jeu de piste treasure hunt

Build critical skills

3 Regardez la scène où Violette rend visite à Pierre et lui apporte un gâteau au chocolat. Comment peut-on interpréter la réaction de Pierre ?

TASK

3 Regardez la photo de classe et montrez en quoi la photo reflète une classe des années 40 en France.

A change in pedagogy took place in France in the 1970s and its aims were to make the school system fairer and more accessible: state schools became mixed, the *baccalauréat* was changed and selection into university was abolished. *Les estrades* (the platforms) were also removed from most classrooms to symbolise the end of a hierarchy within schools; teachers ceased to be the incarnation of knowledge and were more on the same level with their pupils, enabling a more harmonious and cooperative approach to learning.

La vie dans les années 40

D'autres aspects du film reflètent la vie dans les années 40. Les **tenues vestimentaires** des autres personnages sont aussi très typiques de l'époque avec, par exemple, des robes longues pour les femmes et des **costumes** pour les hommes.

De plus, les jeux joués par les enfants sont aussi très représentatifs de l'époque : **les jeux de piste** et jouer aux cowboys et aux indiens faisaient partie des activités favorites des enfants qui, rappelons-le, passaient la plupart de leur temps à jouer à l'extérieur.

The film depicts the strict social rules that people had to conform to at the time; anyone who did not conform would be marginalised. Clément Mathieu is frowned upon, particularly by M. Rachin, because he has not got a proper job. Rachin belittles him for being *juste un pion* (a mere supervisor) and he is ultimately fired because he cannot conform to the school rules. Violette, Pierre's mother, is ashamed of being a single working mother.

Contexte

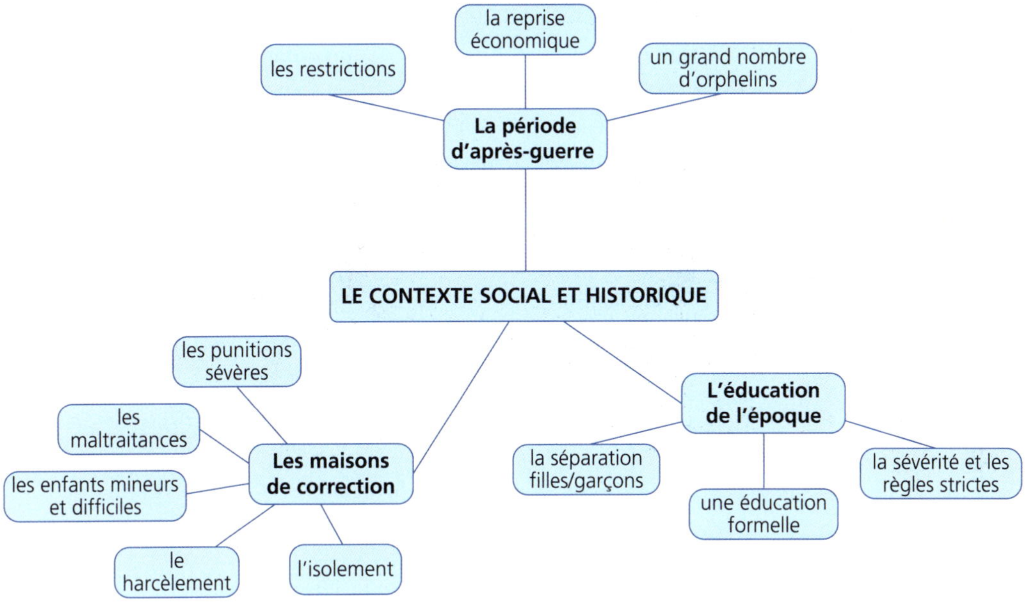
la reprise économique
les restrictions
un grand nombre d'orphelins
La période d'après-guerre
LE CONTEXTE SOCIAL ET HISTORIQUE
les punitions sévères
les maltraitances
les enfants mineurs et difficiles
Les maisons de correction
le harcèlement
l'isolement
L'éducation de l'époque
la séparation filles/garçons
une éducation formelle
la sévérité et les règles strictes

Activités

1 Associez les définitions aux mots suivants :

1 un orphelin
2 une maison de correction
3 une culotte courte
4 la mode vestimentaire
5 l'encrier
6 le tableau noir
7 les punitions
8 le règlement intérieur

a un enfant qui a perdu ses parents
b un synonyme pour un short
c un petit pot avec de l'encre pour écrire
d une sanction quand on s'est mal comporté
e liste de règles d'un établissement
f la chose dans la classe où le professeur écrit
g un établissement pour les enfants difficiles
h la façon dont on s'habille

2 Complétez le texte avec les mots de l'encadré.

Le film Les choristes *se passe vers la fin des* **1**.......... *et l'action se déroule dans un* **2**.......... *. Clément Mathieu est le nouveau* **3**.......... .

*À cette époque, la France comptait un grand nombre d'***4**.......... *qui accueillaient les* **5**.......... *de la guerre et les enfants difficiles. Dans ces institutions, la* **6**.......... *était très stricte, avec des* **7**.......... *très sévères et un* **8**.......... *scolaire régenté, comme dans l'armée.*

établissements	rythme
surveillant	orphelins
internat	années 40
discipline	punitions

3 Choisissez les quatre phrases qui sont correctes.

1 Le film *Les choristes* se passe principalement à notre époque.
2 *Les choristes* se déroule après la Seconde Guerre mondiale.
3 M. Rachin incarne la discipline stricte de l'époque.
4 Clément Mathieu va à l'encontre de la discipline de l'époque.
5 À Fond de l'Étang, il n'y a que des orphelins.
6 Les établissements comme Fond de l'Étang étaient rares à l'époque.
7 Les établissements comme Fond de l'Étang avaient une discipline très stricte.
8 Il n'y a aucune référence à la guerre dans le film.

4 Continuez les phrases en rendant le sens du contexte social. Il peut y avoir plusieurs solutions.

1. Après la guerre, de nombreux enfants…
2. Pendant les années qui ont suivi la guerre, la France a connu…
3. Les restrictions économiques…
4. L'éducation des années 40 était…
5. Le châtiment corporel était…
6. Vers les années 70, le système éducatif…
7. À l'école, les matières de base…
8. À l'école, la musique…

5 Répondez aux questions suivantes en français.

1. Donnez deux détails de la vie dans un internat de l'époque du film.
2. Donnez quelques détails qui montrent la sévérité de la discipline.
3. Donnez deux détails qui dépeignent la salle de classe de l'époque.
4. Donnez d'autres aspects de la vie dans les années 40 présents dans le film.

Vocabulaire

l'abus (*m*) **de pouvoir** abuse of power
à l'époque at the time
aller à l'encontre de to go/be against
aller au coin to go and stand in the corner
l'après-guerre (*m/f*) postwar period
autoritaire authoritative
battre to beat up
le cachot solitary confinement, punishment cell
le châtiment corporel corporal punishment
le comportement behaviour
courant(e) common
le délinquant young offender, delinquent
d'antan days gone by
discipliner to discipline
emprisonné(e) stuck/trapped
l'encrier (*m*) ink pot
l'enseignement teaching
enseigner to teach
l'estrade (*f*) platform
frapper to hit
gifler to slap
harceler to harass
le harcèlement harassment
la honte shame
la maison de correction/redressement reform/remand school
la maltraitance physique/émotionnelle physical/emotional abuse
maltraiter to abuse
punir to punish
la punition punishment
régenté(e) regimented
le règlement rules
rejeter to reject
répressif (-ive) strict
la sévérité harshness, strictness
le tableau noir black board

3 Scene summaries

Un appel de France

New York. Pierre, qui est sur le point de commencer son concert, reçoit un appel urgent de France au sujet de sa mère. Un **gros plan** sur le visage de Pierre nous fait voir une larme. On comprend que Pierre vient de recevoir une mauvaise nouvelle. Pierre monte alors sur scène et dirige son orchestre. On entend de la musique classique et les images nous transportent avec Pierre au volant de sa voiture. On voit alors un cercueil durant un **enterrement** et la musique s'arrête. Seule la pluie se fait entendre. On comprend alors que la mère de Pierre **est décédée**. Tout de suite après, Pierre est dans une maison. Soudainement, le silence de la scène est interrompu par la sonnette. La pluie tombe toujours. Pierre ouvre la porte. « Tu me reconnais ? », lui dit un homme. Pierre est perplexe. « Fond de l'Étang », continue l'homme. Un autre indice : « Mon père va venir me chercher samedi ». L'homme se présente alors sous le nom de Pépinot et Pierre se souvient !

Une ancienne photo d'école est posée sur la table et les deux hommes se retrouvent sur la photo. Pépinot donne alors un cahier à Pierre, qui l'ouvre et lit : « Fond de l'Étang, Année 1949. » Pépinot lui apprend alors que ce cahier est le journal intime de Clément Mathieu, leur surveillant à l'internat.

le gros plan close-up shot

l'enterrement (*m*) funeral

décéder to die

Key quotation

« Mon père va venir me chercher samedi. »

Pépinot

Activities

1 Trouvez la traduction des mots suivants dans le résumé ci-dessus.
1. a phone call
2. a tear
3. at the wheel
4. a coffin
5. the doorbell
6. a clue

2 Continuez les phrases suivantes en vous servant du vocabulaire du résumé.
1. Cette scène introduit Pierre, qui est chef d'.......... .
2. On apprend que Pierre a passé son enfance en ....
3. Pierre se rend en France pour .... de sa mère.
4. Alors qu'il est chez sa mère, il reçoit la visite de ....
5. Les deux hommes commencent à lire le .... de Clément Mathieu.
6. On apprend que Clément Mathieu était .... à Fond de l'Étang.

TASK

1 Regardez la scène et identifiez ce qui montre que Pierre est un musicien célèbre.

Bonjour Pépinot

Alors que Pierre continue à lire le **1**.......... *intime de Clément Mathieu, un dessin de la grille de l'***2**.......... *nous transporte au 15 janvier 1949. Les* **3**.......... *de Pierre et Clément Mathieu se confondent pendant un court instant pour ne laisser entendre que celle de Clément Mathieu.*

Nous voyons alors, dans la brume de ce mois de janvier, un homme, presque **4**.......... *, muni d'une valise, se diriger vers la grille de l'internat. Alors qu'il s'approche, on aperçoit un petit garçon qui attend derrière la* **5**.......... *.*

« Bonjour, t'es tout **6**.......... *? Qu'est-ce que tu fais là ? » lui demande l'homme. Le petit garçon, au regard* **7**.......... *, lui répond alors qu'il attend samedi quand son papa va venir le chercher.*

Soudain, venant du bout du chemin, un autre homme, M. Maxence, court vers l'enfant. Clément Mathieu se présente comme le nouveau **8**.......... *.*

TASK

2 Regardez cette scène et identifiez ce qui montre que nous sommes en hiver.

Key quotation

« Après plusieurs années d'échec dans tous les domaines, j'avais la certitude que le pire était à venir. »

Clément Mathieu

Activity

3 Complétez le résumé avec les mots de l'encadré.

voix	internat
chauve	surveillant
journal	triste
seul	grille

Build critical skills

1 Regardez la scène et décrivez l'atmosphère.

Fond de l'Étang

Alors que M. Maxence accompagne Clément Mathieu, nous en apprenons un peu plus sur quelques autres personnages. M. Rachin, le directeur de l'**établissement**, habite sur place et a deux filles, qu'on voit passer. M. Maxence est le **gardien** de l'internat. La musique donne un **ton** mystérieux à cette scène, et les couleurs sombres et le temps **hivernal** accentuent l'austérité de l'endroit.

Une fois à l'intérieur, Clément Mathieu aperçoit un petit garçon qui est en train de laver **le sol** à la main. « C'est un puni de M. Rachin ; 15 jours de travaux d'intérêt général », lui explique le Père Maxence. Clément Mathieu semble surpris et interroge le Père Maxence sur le **comportement** des enfants. Sa réponse le laisse encore plus perplexe. Tout dans cette scène annonce la sévérité et l'austérité de cet endroit : les murs dilapidés, la porte fermée à clé, la présence d'une grille, la punition sévère, les couleurs et l'idée d'**enfermement**.

l'établissement (*m*) school

le ton tone

le gardien caretaker

hivernal(e) wintry

le sol floor

le comportement behaviour

l'enfermement (*m*) confinement

Activity

4 Finissez les phrases en utilisant la conjonction de subordination « qui ». Il faut garder le sens du résumé.
  1 Dans cette scène, on voit Clément Mathieu et le Père Maxence…
  2 On apprend que c'est M. Rachin…
  3 On voit deux filles…
  4 Clément Mathieu voit un garçon…
  5 C'est M. Rachin… cet élève.

Key quotation

« Fond de l'Étang : même le nom de l'établissement semblait avoir été choisi pour moi. »

Clément Mathieu

GRADE BOOSTER

Ensure that you use a complex language in your essay(s). Using subordinate clauses is a good way to demonstrate your command of complex grammar.

Monsieur le directeur

M. Rachin apparait en haut de l'escalier et interpelle Clément Mathieu. La position et l'attitude de M. Rachin annoncent le caractère autoritaire de ce personnage. Clément Mathieu, le **sourire aux lèvres**, se dirige vers M. Rachin et s'excuse de son retard, mais M. Rachin lui répond sèchement. La différence de personnalité entre ces deux personnages est très bien présentée ici.
Le ton autoritaire de M. Rachin a un effet immédiat sur Clément Mathieu qui **se redresse** et adopte une attitude moins joviale. M. Rachin **emmène** Clément Mathieu en lui parlant de son **règlement intérieur**. C'est alors qu'on entend un **fracas** de verre et M. Maxence qui **gémit** : il vient de se blesser. M. Rachin suspecte un des pensionnaires d'**avoir posé un piège** au Père Maxence. M. Rachin demande à Clément Mathieu de **sonner la cloche**

le sourire aux lèvres smiling
se redresser to stand up
emmener to take
le règlement intérieur rules and regulations
le fracas shattering noise
gémir to whimper
poser un piège to set a trap
sonner la cloche to ring the bell

Build critical skills

2 Regardez cette séquence et analysez la personnalité de M. Rachin.

« Rassemblement ! »

Alors que Clément Mathieu sonne la cloche, M. Rachin se tient au milieu de la cour, sifflant son **sifflet**. « Rassemblement ! », crie-t-il entre deux coups de sifflet. Des bruits de pas se font entendre à travers les fenêtres fermées de l'établissement.

le sifflet whistle

le troupeau de bétail herd of cattle

vociférer to shout

crâne d'obus baldy

le coupable culprit

avouer to confess, to own up

au hasard randomly

subir to suffer, to be subjected to

TASK

3 Regardez la scène et identifiez ce qui montre la sévérité de cet établissement.

C'est alors qu'on voit apparaitre à l'écran, tel un **troupeau de bétail**, les enfants descendant l'escalier. Ils sont dirigés par un autre homme, M. Chabert, à l'apparence très stricte aussi. « Tout le monde dans la cour ! Rassemblement », **vocifère** cet homme.

Alors que les enfants passent devant Clément Mathieu, plusieurs d'entre eux l'insultent de « **crâne d'obus** » ou de « crâne d'œuf ».

M. Rachin a rassemblé tous les élèves pour trouver le **coupable** qui a blessé le Père Maxence, mais aucun élève n'**avoue**. M. Rachin, entouré des autres professeurs de l'internat, demande à Clément Mathieu de choisir, **au hasard**, un nom dans la liste des élèves. Malheureusement, ce jeune garçon, Boniface, au visage innocent, va subir la punition de M. Rachin.

▲ M. Rachin rassemble tous les élèves pour trouver le coupable qui a blessé le Père Maxence

Activity

5 Répondez aux questions en français en vous servant du vocabulaire du résumé. Faites des phrases complètes.

1 Où est-ce que cette scène se passe principalement ?
2 Qui sont les personnages présents ?
3 Pourquoi est-ce que M. Rachin a rassemblé tous les élèves ?
4 Que demande M. Rachin aux élèves ?
5 Que fait Clément Mathieu et pourquoi ?
6 Comment se termine cette scène ?

La première leçon

Alors que Clément Mathieu **s'apprête à** entrer dans la salle de classe, il entend un énorme **vacarme** provenant de la salle de classe. Bien qu'appréhensif, il ouvre la porte avec assurance.
À son entrée, les garçons s'assoient rapidement et le silence règne. Clément Mathieu se dirige vers le bureau mais **trébuche** et fait tomber sa **sacoche**. De suite, un élève **s'en empare**. Clément Mathieu tente en vain de la récupérer, jusqu'à ce que M. Rachin, alarmé par le bruit, entre dans la classe. Aussitôt, les enfants **se taisent** et se lèvent.
Dans cette scène, on fait la connaissance de Morhange, « la tête d'ange ». Alors que Clément Mathieu s'absente de la salle de classe pour parler à Le Querrec, il demande à Pierre Morhange de garder la classe. À son retour, il découvre une caricature de son visage sur le tableau noir, dessinée par Morhange. Clément Mathieu réagit avec humour en caricaturant, à son tour, Morhange, ce qui fait bien rire les autres enfants.

s'apprêter à faire qqch to get ready to do sth
le vacarme racket, din
trébucher to trip over
la sacoche bag, briefcase
s'emparer de qqch to grab sth
se taire to be quiet

TASK
4 Regardez le moment où Clément Mathieu parle à Le Querrec. En quoi la musique indique l'humanité du personnage de Clément Mathieu ?

Activity

6 Faites cinq phrases en utilisant la structure « après être/avoir ».
Exemple : Après avoir entendu du vacarme, Clément Mathieu entre dans la salle de classe avec assurance.

Build critical skills

3 Quels traits de la personnalité de Clément Mathieu découvre-t-on dans cette séquence ?

Violette Morhange

Violette, la mère de Pierre, vient lui rendre visite **à l'improviste** et Clément Mathieu va lui parler. Malheureusement, Pierre a été puni par M. Rachin pour lui avoir manqué de respect. Et comme Chabert le rappelle, les punis n'ont pas le droit aux visites.
Pour ne pas rendre Violette triste à cause du comportement de son fils, Clément Mathieu **ment** et dit qu'il est chez le dentiste à la suite d'une **rage de dents**.
On apprend ici, grâce à la voix off de Clément Mathieu, que Violette est **mère célibataire** et que Pierre **a été placé à** Fond de l'Étang **contre la volonté** de sa mère.
C'est la première fois que Violette apparait à l'écran. Il est intéressant de noter la façon dont Barratier, le réalisateur, nous la présente : à travers la vitre de la porte du parloir, comme si nous la voyions par les yeux de Clément Mathieu. Ceci ajoute une sorte d'intimité à cette scène et nous pouvons deviner ce que ressent Mathieu avant de parler à Violette. À la façon dont son regard se pose sur le visage de la femme, il est facile de penser que la beauté de Violette ne le laisse pas indifférent.

à l'improviste unexpectedly
mentir to lie
la rage de dents toothache
la mère célibataire single mother
être placé(e) à to be sent to
contre la volonté against the will

TASK

5 Regardez la scène et donnez les raisons pour lesquelles Pierre a été placé à Fond de l'Étang.

Activity

7 Faites cinq phases en utilisant une version de la phrase: « Dans cette scène, on comprend/apprend/voit/s'aperçoit/se rend compte… ».
Exemple : Dans cette scène, on comprend que la mère de Pierre est venue lui rendre visite à l'improviste.

Build critical skills

4 Regardez la scène et analysez le choix de musique.

Key quotation

« Ne jamais dire jamais. Il y a toujours quelque chose à tenter. »
Clément Mathieu

Le début de l'expérience

30 janvier. Clément Mathieu commence sa chorale. Dans la salle de classe, il fait chanter les enfants les uns après les autres pour déterminer leur **voix**. Malheureusement, le petit Pépinot ne connait aucune chanson, alors Clément Mathieu le désigne « assistant chef de chœur ».
Alors que Clément Mathieu initie les garçons aux notes de musique, on s'aperçoit que tous les enfants sont attentifs et suivent les **consignes** de leur chef de chœur. La musique les captive.
Malheureusement, M. Rachin n'est pas très enthousiaste à l'idée d'une chorale mais accepte, **à contre-cœur**, que Clément Mathieu continue sa chorale à condition que tout se passe bien.
Pierre, qui a été condamné à un mois de travaux d'intérêt général par M. Rachin, ne fait pas encore partie de la chorale mais semble intéressé et intrigué par ce qu'il entend. Une fois la salle de classe vide, Pierre, seul, pratique des **gammes** devant le tableau noir.

la voix voice

la consigne instruction

à contre-cœur unwillingly

la gamme musical scale

Key quotation

« Ce n'était pas du grand art, mais je captais leur attention. »
Clément Mathieu

Activity

8 Répondez aux questions en français.
1. Qu'est-ce que Clément Mathieu demande aux enfants de faire ?
2. Quelle est l'intention de Clément Mathieu ?
3. Comment réagissent les enfants ?
4. Quelle est la réaction de M. Rachin ?
5. Pourquoi est-ce que Pierre n'est pas avec les autres enfants ?

Build critical skills

5 « Nous sommes de Fond de l'Étang et c'est bien ça qui est embêtant. » Ces paroles font partie de la chanson que pratiquent les enfants dans le dortoir. Pourquoi, selon vous, Clément Mathieu a choisi ces paroles ?

L'arrivée de Mondain

15 février. Fond de l'Étang accueille un nouvel élève, Pascal Mondain, qui provient d'une maison de redressement. Le psychiatre qui l'accompagne, le Dr Dervaux, explique à M. Rachin que Mondain a subi des tests d'intelligence et qu'il a été classé dans la zone « limite ». Le psychiatre prévient M. Rachin qu'ils doivent se méfier du comportement de Mondain qui est un **mythomane** et pervers.
Le conflit entre Mondain et ses professeurs s'installe sans attendre.
Il fume, chante une chanson vulgaire et provoque Mathieu.
Clément Mathieu, optimiste, tente de l'inclure dans la chorale et **réagit** positivement à ses provocations.
Après une **bagarre** avec Pierre, Mondain est envoyé au cachot.

le/la mythomane compulsive liar

réagir to react

la bagarre fight

TASK

6 Regardez les premiers échanges entre Clément Mathieu et Mondain et identifiez ce qui montre le comportement conflictuel de Mondain.

Build critical skills

6 À votre avis, pourquoi est-ce que Pierre s'échappe de l'internat pour aller voir sa mère sur son lieu de travail ?

Activity

9 Trouvez dans le résumé un synonyme pour chaque mot ou expression suivant(e) :
1. reçoit
2. vient
3. est avec
4. a passé
5. faire attention à
6. un menteur

Un don exceptionnel

Après avoir **1***.......... Pierre à chanter merveilleusement dans la salle de classe un soir, Clément Mathieu* **2***.......... à Pierre de faire partie de sa chorale. Clément Mathieu sait qu'il a un* **3***.......... exceptionnel.*

Petit à petit, Clément Mathieu « apprivoise son nouvel élève » et les progrès de la chorale sont **4***.......... . La musique est en train d'avoir un impact* **5***.......... dans l'établissement. M. Langlois est* **6***.......... par la chorale et* **7***.......... à Clément Mathieu que la musique l'intéresse beaucoup. On découvre le côté* **8***.......... de M. Langlois qui, malheureusement, disparait dès qu'il s'assoit au bureau et commence sa leçon.*

Activity

10 Complétez le résumé avec les mots suivants :

ordonne	étonné
évidents	positif
don	confie
jovial	surpris

Key quotation

« Alors que ma chorale progresse, j'apprivoise mon nouvel élève. »
Clément Mathieu

TASK

7 Identifiez les détails qui montrent que Clément Mathieu est en train d'apprivoiser Pierre.

Build critical skills

7 Analysez le comportement de M. Langlois.

Le jour des visites

se réjouir to rejoice
faire part de qqch to announce sth
contrarié(e) upset

Clément Mathieu **se réjouit** de l'arrivée de Violette le jour des visites et se précipite pour l'accueillir. Il lui **fait part du** talent exceptionnel de Pierre, ce qui étonne Violette. Pierre apparait **contrarié** quand il voit sa mère avec Clément Mathieu et continue de se montrer distant quand il se retrouve avec elle dans la salle des visites. La plupart des autres enfants sont avec leurs deux parents, mais Violette est seule.

TASK

8 Qu'est-ce qui montre que Violette plait à Clément Mathieu ?

Activity

11 Faites cinq phrases avec le pronom relatif « qui ».
Exemple : Dans cette scène, on voit Clément Mathieu qui se réjouit de l'arrivée de Violette.

GRADE BOOSTER

When talking about ideas, use the film and its dialogues to justify your points.

« Je m'appelle Clément Mathieu. Je suis musicien ! »

Alors que le printemps arrive et que les règles strictes de l'internat continuent d'être imposées, la chorale de Clément Mathieu s'améliore. Avec le beau temps et la musique, une **bouffée** d'optimisme et de joie envahit Fond de l'Étang : les enfants paraissent plus heureux, Clément Mathieu n'arrête pas de composer et Pierre émerveille son chef de chœur. L'optimisme de Clément Mathieu se reflète dans les paroles des chansons : il sait qu'il peut changer ces enfants et que ces enfants peuvent **parvenir à** quelque chose. Il croit en eux et la métaphore de l'oiseau dans cette chanson le montre très bien : « **Déploie** tes ailes… trouve un chemin vers l'arc-en-ciel ». Même M. Rachin se laisse porter par l'optimisme qui règne et décide de jouer au foot avec les enfants et de faire un avion en papier. Clément Mathieu est stupéfait par ce changement. M. Maxence est de retour et tous les enfants sont contents de le voir. Malheureusement, la bouffée d'optimisme ne touche pas Mondain, qui est de nouveau envoyé au cachot.

▲ Même M. Rachin se laisse porter par l'optimisme

la bouffée breath, flush

parvenir à to succeed

déployer to spread

Key quotation

« C'est peut-être une illusion, mais pourtant même notre directeur semble gagné par le changement. »

Clément Mathieu

TASK

9 Identifiez ce qui montre que les enfants sont plus heureux.

Build critical skills

8 À part la musique, comment est-ce que le réalisateur transmet l'optimisme dans cette scène ?

Key quotation

« Je m'appelle Clément Mathieu. Je suis musicien. Chaque nuit je compose pour eux. »

Clément Mathieu

GRADE BOOSTER

When watching a scene, it is important to try to analyse as much detail as possible and to link what you see with the themes. This is a good way of accumulating examples of the themes to exploit in your essay.

La chorale est finie !

volé(e) stolen

en cachette in secret

ramener to bring back

échapper to escape

le châtiment corporel corporal punishment

avouer to confess

De l'argent a été **volé** et dans un élan de colère, M. Rachin décide de mettre fin à la chorale. Or, Clément Mathieu continue, avec l'aide de Chabert, à faire chanter les enfants, **en cachette**, le soir, dans les dortoirs.

Le 13 mai : les gendarmes **ramènent** Mondain qui s'était **échappé** de l'internat et M. Rachin n'hésite pas à lui infliger un **châtiment corporel** intense. Mondain se rebelle et se jette sur M. Rachin. Bien que Mondain n'ait pas **avoué** avoir volé l'argent, M. Rachin ment en disant qu'il a avoué et appelle les gendarmes.

Clément Mathieu et Violette

outré(e) furious, outraged

accabler to overwhelm

honte shame

Les enfants sont dans leur leçon de mathématiques et un des camarades fait remarquer à Pierre que sa mère est en compagnie de Clément Mathieu. Pierre n'est pas content et décidé de lancer de l'encre sur la tête de Clément Mathieu. Violette, **outrée** et **accablée** de **honte**, part en courant.

Clément Mathieu essaie d'expliquer le comportement de Pierre à Violette. Selon lui, ce geste n'est qu'une façon de montrer son amour envers sa mère et sa jalousie. De plus, Mathieu suggère à Violette que Pierre devrait aller au conservatoire de musique et affirme qu'il fera tout son possible pour que Pierre réussisse.

On se rend encore compte ici des sentiments de Mathieu pour Violette.

Key quotation

« Pierre est une exception et je vous jure que je ferai tout pour qu'il s'épanouisse. »

Clément Mathieu

Activity

12 Traduisez le premier paragraphe du résumé en anglais et faites une liste des mots que vous ne connaissiez pas.

TASK

10 Notez les détails qui montrent que Clément Mathieu aime bien Violette.

La lettre

Clément Mathieu reçoit une lettre de la part de Violette qui veut lui parler, lui donnant rendez-vous au Café de la place. Clément Mathieu est très content. Malheureusement, ce ne sont pas de bonnes nouvelles pour Clément Mathieu : Violette a rencontré quelqu'un. **Attristé**, il la regarde partir à bord de la belle voiture de son **amant**.

▲ La mère de Pierre, Violette, et Clément Mathieu au Café de la place

De retour à l'internat, il referme derrière lui les lourdes grilles de l'établissement et se retrouve tout seul dans sa chambre. Clément Mathieu se rend compte que son avenir est à Fond de l'Étang, seul. Son unique source de bonheur est les enfants, qu'il regarde dormir avec tendresse.

attristé(e) saddened

l'amant(e) lover

Activity

13 Mettez le résumé aux temps du passé.

TASK

11 Au café, qu'est-ce qui renforce la solitude de Clément Mathieu ?

Le concert

le/la bienfaiteur (-trice) benefactor
enchanter to delight
à l'écart separated
émerveiller to amaze
la fierté pride
la reconnaissance gratitude

M. Maxence a contacté les **bienfaitrices** de l'internat et leur a parlé de la chorale de Clément Mathieu et celles-ci veulent venir l'écouter. Cette nouvelle n'**enchante** pas M. Rachin, ce qui n'est pas le cas pour Clément Mathieu.
Pendant le concert, Pierre est **à l'écart** des autres enfants de la chorale. Au milieu du chant, Clément Mathieu lui donne l'opportunité de joindre la chorale en chantant son solo. De sa voix angélique, il **émerveille** la comtesse et Clément Mathieu est fier. « Et dans les yeux de Morhange qui suivaient si bien ma mesure, je lisais tout à coup beaucoup de choses : de la **fierté**, la joie d'être pardonné, mais aussi, et c'était bien nouveau pour lui, comme de la **reconnaissance**. »

Activity

14 Utilisez le discours indirect et faites cinq phrases en utilisant les informations de ce résumé.
Exemple : M. Maxence dit qu'il a contacté les bienfaitrices.

GRADE BOOSTER
Using reported speech will enable you to write complex sentences.

Au revoir M. Mathieu !

le jeu de piste treasure hunt
soi-disant supposedly
élogieux (-euse) worthy of praise
en feu on fire
craignant(e) fearing
la bâtisse building
l'incendie (*m*) fire
renvoyer to fire

Le premier jour de l'été. La chorale a un nouvel élève : M. Langlois accompagne les enfants au piano. Le jour des vacances est arrivé et M. Rachin, M. Langlois et Chabert sont partis. Clément Mathieu et M. Maxence sont alors seuls à l'internat, responsables des enfants. Le temps est magnifique et les enfants ont envie d'escapade, alors Clément Mathieu décide de les emmener dans la forêt pour faire un **jeu de piste**. M. Rachin est à Lyon pour recevoir une médaille le récompensant de son travail, **soi-disant élogieux**, à Fond de l'Étang. Un message urgent va le faire revenir à l'internat : l'établissement est **en feu**. Les parents, **craignant** que leurs enfants soient encore dans la **bâtisse**, s'affolent, mais soudainement, à travers la fumée, on entend les enfants chanter au bout du chemin. On comprend que l'**incendie** est l'œuvre de Mondain. En effet, Mondain regarde l'internat bruler de loin, une cigarette à la bouche.
M. Rachin décide de **renvoyer** Clément Mathieu pour avoir désobéi au règlement de l'établissement et lui interdit de dire au revoir aux enfants. Alors qu'il quitte l'école, les enfants envoient des avions en papier par la fenêtre sur lesquels ils avaient écrit des mots d'adieu : « À bientôt monsieur Mathieu », « Au revoir crâne d'obus ».

Build critical skills

9 Expliquez la métaphore de la chanson « Cerf-volant, volant au vent, ne t'arrête pas ».

Key quotation

« Allez au diable. »

« Je le quitte, au contraire. »

Rachin et Clément Mathieu

Activity

15 Choisissez les quatre phrases vraies.

1 Cette scène se passe au printemps.
2 M. Langlois fait partie de la chorale maintenant.
3 Clément Mathieu est seul à garder les enfants.
4 Comme il fait trop chaud, Clément Mathieu ne veut pas que les enfants aillent dehors.
5 M. Rachin revient en urgence à Fond de l'Étang.
6 Les enfants se trouvent dans les bâtiments.
7 Les enfants étaient en train de jouer dans la forêt.
8 M. Rachin renvoie Clément Mathieu parce qu'il n'a pas suivi le règlement.

TASK

12 Quand M. Rachin renvoie Clément Mathieu, qu'est-ce qui montre le caractère odieux de M. Rachin ?

Le rêve de Pépinot

Alors que Clément Mathieu quitte Fond de l'Étang, la voix de Pierre Morhange, adulte, se fait entendre. Nous sommes de retour dans la maison de Violette, avec Pierre et Pépinot adultes. Le visage de Pierre témoigne de sa surprise et de sa mélancolie après la lecture de ce journal intime qui se finit avec le départ de Clément Mathieu de Fond de l'Étang. Pépinot explique alors la suite des évènements à Pierre : le jour du renvoi de Clément Mathieu, Pépinot l'a suivi pour lui demander de l'emmener avec lui. « Pépinot avait raison d'y croire. Le jour du **renvoi** de Mathieu, c'était un samedi ! »

le renvoi dismissal

Activity

16 Faites cinq phrases en utilisant l'expression « C'est le passage dans lequel… ».

Exemple : C'est le passage dans lequel on revoit Pierre et Pépinot, adultes.

Key quotation

« Pépinot avait raison d'y croire. Le jour du renvoi de Mathieu, c'était un samedi. »

Pierre Morhange, adulte

Résumé des moments importants du film

Pierre Morhange adulte se rend à l'enterrement de sa mère.
↓
Pierre commence la lecture du journal intime de Clément Mathieu.
↓
Retour en arrière : Janvier 1949, Clément Mathieu arrive à Fond de l'Étang.
↓
M. Maxence montre les lieux à Clément Mathieu.
↓
M. Maxence est blessé par un piège posé par les enfants.
↓
M. Rachin rassemble tous les enfants pour trouver le coupable.
↓
La première leçon de Clément Mathieu est mouvementée.
↓
Les enfants volent la sacoche de Clément Mathieu.
↓
Pierre Morhange est envoyé au cachot pour avoir manqué de respect à M. Rachin.
↓
La mère de Pierre vient lui rendre visite à l'improviste.
↓
Clément Mathieu commence sa chorale avec des auditions.
↓
Mondain arrive à Fond de l'Étang.
↓
Mondain attaque Pierre Morhange et il est envoyé au cachot.
↓
Clément Mathieu surprend Pierre Morhange qui chante.
↓
Deuxième visite de Violette Morhange.
↓
La musique a des effets positifs sur tout l'internat.
↓
Mondain sort du cachot et fugue.
↓
Une somme d'argent est volée.
↓
M. Rachin interdit la chorale.
↓
Mondain attaque M. Rachin et les gendarmes viennent le chercher.
↓
Pierre aperçoit sa mère avec Clément Mathieu et est mécontent.
↓
Violette Morhange donne rendez-vous à Clément Mathieu pour lui dire qu'elle a rencontré quelqu'un.
↓
Mme la comtesse vient écouter la chorale de Clément Mathieu et ce dernier pardonne Pierre.
↓
Corbin avoue avoir volé l'argent pour s'acheter une montgolfière.
↓
L'internat prend feu et Clément est renvoyé.
↓
Pépinot adulte nous apprend qu'au départ de Clément Mathieu, celui-ci l'a emmené avec lui.

Activités

1. Qui est le chef d'orchestre qu'on voit au début du film ?
2. Pourquoi revient-il en France et qui vient lui rendre visite ?
3. Que font les deux hommes ?
4. En quelle année se passe la majorité du film ?
5. Qui est Clément Mathieu ?
6. Fond de l'Étang est quel genre d'établissement ?
7. Qui sont M. Rachin et M. Maxence ?
8. Pourquoi est-ce que les enfants se rassemblent dans la cour ?
9. Comment est-ce que certains enfants surnomment Clément Mathieu et pourquoi ?
10. Comment se passe la première fois que Clément Mathieu rencontre sa classe ?
11. Que fait Pierre Morhange quand Clément Mathieu s'absente de la classe ?
12. Que font les enfants avec la sacoche de Clément Mathieu ?
13. Pourquoi est-ce que M. Rachin envoie Pierre Morhange au cachot ?
14. Qu'apprenons-nous sur Pépinot ?
15. Que dit Clément Mathieu à la mère de Pierre quand elle vient lui rendre visite ? Pourquoi ?
16. Qui est Mondain ?
17. Que veut dire « Action-réaction » ?
18. Pourquoi est-ce que Mondain est renvoyé de Fond de l'Étang ?
19. Pourquoi est-ce que Clément Mathieu se cache quand il fait chanter les enfants ?
20. Que fait Pierre quand il voit sa mère avec Clément Mathieu ?
21. Pourquoi est-ce que Clément Mathieu est déçu quand Violette lui apprend qu'elle a rencontré un homme ?
22. Pourquoi est-ce que la comtesse veut venir écouter la chorale ?
23. Qui a volé l'argent et pourquoi ?
24. Quand l'internat prend feu, où sont les enfants et pourquoi ?
25. Qui a sans doute mis le feu à l'internat ?
26. Pourquoi est-ce que M. Rachin renvoie Clément Mathieu ?
27. Que font les enfants quand Clément Mathieu s'en va ?
28. De quoi se souvient Pierre Morhange au volant de sa voiture ?

Vocabulaire

agir to act
apprivoiser to tame
austère stern, cold
la bâtisse building
en cachette in secret
le cachot solitary confinement, isolation cell
le/la camarade classmate
célibataire single
le cercueil coffin
châtier to punish
le châtiment corporel corporal punishment
le chef de chœur choirmaster
la cloche bell
se comporter to behave
coupable guilty
crâne d'œuf baldy (literally 'egg head')
crier to shout
croire en to believe in
décéder to die
désobéir to disobey
le don gift
échapper to escape
émerveiller to amaze
en feu on fire
l'enterrement (*m*) funeral
être placé(**e**) **à/en/dans** to be sent to
faire confiance à to trust
faire des bêtises to be mischievous
la fierté pride
fuguer to run away
les gendarmes local police
gifler to slap
le gosse kid
le gros plan close-up shot
l'incendie (*m*) fire

insolent(e) rude
le journal intime diary
la maison de redressement reform school
maltraiter to abuse
manquer de respect to be disrespectful
se méfier to be wary
odieux (-ieuse) horrible
l'optimisme (*m*) optimism
ordonner to order
le pion slang for 'supervisor'
le plan shot
punir to punish
réagir to react
se rebeller to rebel
la reconnaissance gratefulness
se réjouir to rejoice
rendre visite à to visit
renvoyer to dismiss
respecter to respect
le sifflet whistle
la sonnette doorbell
se souvenir to remember
le/la surveillant(e) supervisor
talentueux (-euse) talented
vociférer to shout
la voix voice
voler to steal
vulgaire vulgar

4 Themes

GRADE BOOSTER

Certain themes are more important than others. It is therefore necessary to identify the main and secondary themes.

In *Les choristes*, the major themes are:

- *la musique* (music)
- *le bien et le mal* (good and evil)
- *l'éducation* (education)

La musique

Un élan d'optimisme

Avec l'arrivée de Clément Mathieu et la création de la chorale, une **vague** d'optimisme déferle sur Fond de l'Étang. Les enfants sont plus joyeux, l'internat apparait moins carcéral et les professeurs changent. Même Rachin est transformé (bien que seulement pour une courte durée !) L'optimisme **illumine** Fond de l'Étang : le soleil brille, le ciel est bleu, les enfants passent plus de temps dehors et les paroles des chansons **sont porteuses d**'optimisme.

▲ Une vague d'optimisme déferle sur Fond de l'Étang

Les enfants se sentent aimés et respectés par Clément Mathieu et dès lors, tout est possible pour eux. Clément Mathieu leur montre qu'il croit en eux et qu'ils peuvent avoir confiance en l'avenir. Avec sa musique, Clément Mathieu ouvre des portes qui semblent avoir été fermées, il y a bien longtemps. L'amour pour **autrui** est le **catalyseur** de tous ces changements et c'est la raison pour laquelle le film, et le personnage de Clément Mathieu en particulier, est un hymne à l'humanité.

Dans une certaine mesure, on pourrait dire que les enfants, et même les adultes touchés par la musique de Clément Mathieu, **renaissent**. Le fait que les changements commencent à se produire au printemps est symbolique. Le printemps est souvent associé avec « la naissance » ou « la renaissance » et cette saison marque la fin d'un cycle et le début d'un autre. En effet, l'hiver est fini et tout, dans la nature, se réveille. C'est une période remplie d'optimisme.

la vague wave

illuminer to brighten up

être porteur (-euse) de qqch to be the bearer of sth

autrui others

le catalyseur catalyst

renaitre to be born again

Key quotation

« Est-ce qu'il n'y a vraiment rien à en faire de ces gosses ? »

Clément Mathieu

TASK

1 Regardez une séquence quand la chorale chante et montrez ce qui indique que les enfants font confiance à Clément Mathieu.

L'harmonie

Cet optimisme change les relations **au sein de** l'établissement. En créant sa chorale, Clément Mathieu **inculque** aussi le respect. En effet, les garçons font partie d'un groupe et apprennent à vivre les uns avec les autres. Les élèves semblent plus heureux ensemble : ils rient, s'amusent et se taquinent. Les relations avec les professeurs sont aussi changées : Chabert devient plus sympathique et Langlois **se décoince**, montrant une pointe d'humour jusqu'à lors **enfouie** sous son attitude froide.
À la fin du film, Fond de l'Étang est un endroit **tout à fait** différent.
Le renvoi de Rachin reflète les changements qui **se sont produits** et met fin à la discorde : Rachin a perdu son autorité sur les enfants et les professeurs ont le courage de le dénoncer.

au sein de within
inculquer to instil

se décoincer to relax
enfoui(e) hidden
tout à fait completely
se produire to take place

Build critical skills

1 Quand Clément Mathieu quitte Fond de l'Étang, les enfants se sont enfermés dans la salle de classe. Quelle est la signification de cette scène, selon vous ?

Key quotation

« Chabert, Langlois et Maxence se sont unis pour dénoncer les méthodes de Rachin. »
Morhange, adulte, voix off

Sauvés et libérés par la musique

« Ne jamais dire jamais. » Bien sûr, ces mots sont associés à l'idée que Clément Mathieu décide de recommencer à écrire de la musique, mais ils montrent également que tout est possible pour les enfants et qu'il ne faut pas renoncer.
En effet, la musique est **libératrice** : les enfants **s'épanouissent**, Chabert et Langlois deviennent des professeurs plus humains et Clément Mathieu utilise à nouveau ses talents.
Les enfants ont un moyen de s'exprimer grâce à la musique et il semble que Clément Mathieu leur donne une deuxième chance.
Bien que Clément Mathieu se considère toujours musicien raté, il quitte Fond de l'Étang heureux, et c'est sans doute ce sentiment de jubilation qui va le convaincre d'emmener Pépinot avec lui.

▲ La musique est libératrice : les enfants s'épanouissent

La dimension libératrice de la musique prend toute sa signification avec le personnage de Pierre Morhange. En effet, la musique aide Pierre à changer et à prendre confiance

libérateur (-trice) liberating
s'épanouir to flourish, to grow

TASK

2 La scène du rassemblement montre les garçons rangés dans la cour. Trouvez une séquence qui contraste avec cette scène.

le soutien support

faire la connaissance de to know, to meet

en lui. Sans le **soutien** et les encouragements de Clément Mathieu, Pierre serait certainement resté le garçon rebelle et introverti du début du film. La musique le transforme et ses rapports avec les autres, surtout avec sa mère, changent. Grâce à Clément Mathieu, Pierre est inscrit au conservatoire et devient l'artiste prestigieux **dont on fait la connaissance** au début du film.

GRADE BOOSTER

It is always important to give specific evidence when you express your ideas. You can use words, whole quotations or references to particular moments in the film. Note how the ideas in this guide are always supported by specific evidence.

The influence of music on the characters is undeniable throughout the film; music also arouses the viewers' emotions. Whether it is expressing angst, joy or empathy, the music invites the viewers to understand and experience the characters' emotions.

Music also conveys other messages, such as the passage of time with the evolution of the lyrics and the sophistication of the children's singing by the end of the film, with the underlying message that music can defeat adversity.

At the final concert, it is clear that Clément Mathieu has won the boys over with his music and has triumphed over Rachin and his ruthless methods.

Le bien et le mal

l'apogée (*m*) climax

le pardon forgiveness

sans pitié ruthless

Il est clair que dans le film nous avons la représentation du bien et du mal. Ils sont en constante lutte, jusqu'à l'**apogée**, à la fin du film, quand le bien triomphe.

Le bien

Clément Mathieu est l'incarnation du bien : c'est un homme bon et généreux. Il respecte les enfants, essaie de les comprendre et leur inculque des valeurs importantes, comme le respect, la compassion et le **pardon**. Contrairement à M. Rachin, Clément Mathieu ne croit pas qu'une approche autoritaire et **sans pitié** soit la meilleure façon de punir les

▲ Avec humour et patience, Clément Mathieu transforme les élèves

élèves. En fait, Clément Mathieu évite de sanctionner les garçons et il **a recours à** d'autres méthodes. Pour lui, il est important d'établir des rapports sincères avec les enfants et c'est pour cela qu'il doit gagner leur confiance. Avec humour et patience, il transforme les élèves, leur montrant qu'il est possible d'être pardonné et que la justice est importante.
Clément Mathieu a aussi un effet positif sur d'autres personnes dans le film : Chabert et Langlois, Violette Morhange et, momentanément, Rachin. Grâce à son grand cœur et sa générosité, Clément Mathieu touche les personnes qui l'entourent, et sa **joie de vivre** et son humanité triomphent.

avoir recours à to use, to turn to

Key quotation

« Il y a une justice quand même. »
Clément Mathieu

la joie de vivre love of life

Le mal

Rachin et Pascal Mondain sont, quant à eux, l'incarnation du mal. Ils remplissent, pour ainsi dire, le rôle traditionnel du « méchant » dans l'histoire : Rachin à cause de ses méthodes d'éducation cruelles et sans pitié, et Mondain à cause de son comportement ignoble. Il est clair, tout au long du film, que ces deux personnages sont en constante opposition avec Clément Mathieu, « le bien ». Même Fond de l'Étang semble, au début, représenter « le mal » : l'atmosphère y est lugubre et la discorde y règne. Hypocrite et injuste, Rachin est, à la fin du film, puni à son tour. Après avoir été victime d'injustice, Mondain **se venge** en mettant le feu à l'internat. L'incendie est bien sûr un moment inquiétant en pensant aux enfants qui pourraient **être pris au piège** dans les flammes. Cependant, il semble que Rachin soit bien plus inquiet pour sa réputation. En effet, Rachin est allé à Lyon pour recevoir une médaille pour le récompenser de ses « méthodes d'éducation exemplaires », **s'étant attribué les mérites de** la chorale devant la comtesse.
Grâce à Clément Mathieu, la quasi-totalité des personnages du film passe du mal au bien. En effet, au début du film, il est facile de penser que Chabert, par exemple, fait partie des « méchants » à cause de son comportement antipathique envers les enfants et son adhésion à la règle « Action-réaction » . Les enfants sont également représentés en tant que « méchants » : ils insultent Clément Mathieu, **blessent** le Père Maxence, **chahutent** pendant les leçons et nombreux sont ceux qui sont envoyés au cachot.
Malheureusement pour Mondain, il est sans doute trop tard pour qu'il ne change.

TASK
3 Donnez un exemple de l'importance du pardon.

se venger to take revenge

être pris(e) au piège to be trapped

s'attribuer les mérites de qqch to take credit for sth

blesser to hurt

chahuter to misbehave, to mess about

The representation of good and evil is underlined by the techniques used in the film: the colours and the music reinforce the two sides, the constant battle between the two and the triumph of good at the end of the film. On Clément Mathieu's arrival at Fond de l'Étang, the music is mysterious and the colours are bleak, making the school a forbidding place. When he departs, the sun is shining, the colours are bright, it is summer and the music is light and uplifting. The sun is clearly a symbol of the victory of good over evil.

TASK
4 Regardez la scène du rassemblement et montrez comment Barratier nous donne l'impression que les enfants sont des « méchants ».

Although some may say that the film is unrealistic as most of the boys put their trust in Clément Mathieu quite easily, the transition from bad to good is not entirely smooth. The tug of war between good and evil is tangible when Mondain threatens and attacks teachers and pupils alike, when he is dismissed from Fond de l'Étang and there is a sense of relief, and when he sets the school on fire. Pierre Morhange is not easy to win around either: we have to wait until the final concert to find out that Pierre has changed sides for good. Overall, Clément Mathieu's efforts have paid off in the end.

TASK

5 Donnez un exemple qui montre que Pierre Morhange met du temps à faire confiance à Clément Mathieu.

Love is a driving force throughout the film and counterbalances evil, whether it is love between two adults, parental love, friendship or Mathieu's passion for music. Indeed, he believes that he can introduce the boys to music and make them share that love.

It is interesting to note that Barratier does not dwell too much on the grim and depressing aspects of the story. Ultimately, despite the presence of evil, *Les choristes* is an uplifting film. In the end, the message that we remember is that it is possible for one man to make a difference, and that with hope and optimism, changes are possible. Indeed, 'Ne jamais dire jamais' applies even at Fond de l'Étang. Clément Mathieu succeeds where Rachin fails.

Build critical skills

2 Quelles sont les connotations du nom de l'internat « Fond de l'Étang » ?

GRADE BOOSTER

Some themes can be universal, whereas some are more specific to the film. It is therefore necessary to distinguish between the two.

L'éducation

le cadre setting
d'antan days gone by
dévoiler to reveal

Un cadre d'antan

Se passant à la fin des années 40, l'éducation présentée dans *Les choristes* **dévoile** aux spectateurs d'aujourd'hui un environnement scolaire très différent : une relation élèves-professeurs très formelle et une éducation stricte aux règles intransigeantes.

Il apparait également clairement que la musique n'était pas encore très répandue dans les écoles à l'époque, n'étant pas considérée comme une matière de base ou importante.

De plus, il ne faut pas oublier que Fond de l'Étang est une école spécialisée de rééducation et que ces établissements étaient réputés pour leur régime sans pitié et ressemblaient, pour la plupart, à des espaces **carcéraux**.

carcéral(e) prison-like

Des méthodes différentes

Clément Mathieu et Rachin mettent en évidence deux approches éducatives totalement différentes. Clément Mathieu mène son rôle d'éducateur avec dévouement, en inculquant aux enfants des valeurs de vie fondamentales. Il **valorise** les enfants et leur donne de l'espoir. Grâce à sa musique et à son grand cœur, Mathieu transforme cet environnement malsain en un endroit bien plus heureux et harmonieux.

valoriser to value

Rachin, quant à lui, **est aux antipodes de** Mathieu : il terrorise les enfants avec ses méthodes cruelles et dirige son établissement avec des règles et sanctions dégradantes, dont sa fameuse devise « Action-réaction ». Contrairement à Clément Mathieu, Rachin **rabaisse** les enfants, les humilie et n'a aucun espoir pour eux.

Malheureusement, les méthodes de Clément Mathieu sont trop « révolutionnaires » et déplaisent à Rachin, qui le renvoie **à la première occasion venue**. Clément Mathieu n'entre pas dans le **moule** de l'éducateur imposé par l'établissement.

L'échec et la réussite

L'approche d'enseignement de Clément Mathieu se concentre principalement sur le principe que tout est possible. Clément Mathieu veut avant tout que ses élèves réussissent et qu'ils **s'épanouissent**. Grâce à son optimisme, Clément Mathieu aide les élèves à **vaincre** et oublier leurs échecs passés pour mieux conquérir le monde qui se présente à eux. À travers les enfants, il a le sentiment de réussir quelque chose ; sa chorale est la preuve de son talent et de sa bonté. Son échec personnel ne le rend pas **amer**, contrairement à Rachin qui, lui, fait souffrir les élèves à cause de son **amertume** d'**avoir raté** sa carrière. Pierre Morhange est l'incarnation de cette réussite ; en ayant cru en lui, Clément Mathieu a encouragé ce jeune garçon à devenir un artiste talentueux de renommée internationale. De plus, Pépinot est un autre exemple du succès de Mathieu : Pépinot, adulte, semble être un homme heureux et fier de son père adoptif.

Il serait aussi possible ici de considérer deux aspects totalement différents de « réussite » avec les personnages de Morhange et Mathieu. Nous avons en effet la réussite, le prestige et la gloire internationale de Morhange qui contraste avec l'échec de Mathieu en tant qu'artiste. Mais, ce qu'a accompli Mathieu à Fond de l'Étang montre très bien que la réussite n'est pas toujours synonyme de prestige et de « fortune ».

The film presents two contrasting types of teacher: Rachin's authoritarian methods represent what was generally considered to be the norm at the time, while Clément Mathieu's methods would have seemed revolutionary. Clément Mathieu is much closer to today's idea of an enlightened educator, developing well-rounded pupils by instilling in them aspirations and hope, rather than merely passing on knowledge.

In the end, Rachin fails in his capacity as a teacher where Clément Mathieu succeeds. As far as Langlois and Chabert are concerned, their transformation enables them to move from one approach to another.

Mathieu's successful approach to education highlights the failure of the system to which Rachin adheres. This is reinforced by the character Mondain, whom the system, and society, has labelled and failed.

être aux antipodes de to be the total opposite of

rabaisser to demean

à la première occasion venue at the first opportunity

le moule mould

l'échec (*m*) failure

la réussite success

s'épanouir to bloom

vaincre to defeat

amer (-ère) bitter

l'amertume (*f*) bitterness

rater to fail

Key quotation

« Selon notre principe Action-réaction, son auteur sera sévèrement puni. »

Rachin

GRADE BOOSTER

Film directors use different tools to convey their themes. They can express them through the characters, situations or techniques. It is important to be able to identify the different ways the themes are exploited.

Thèmes

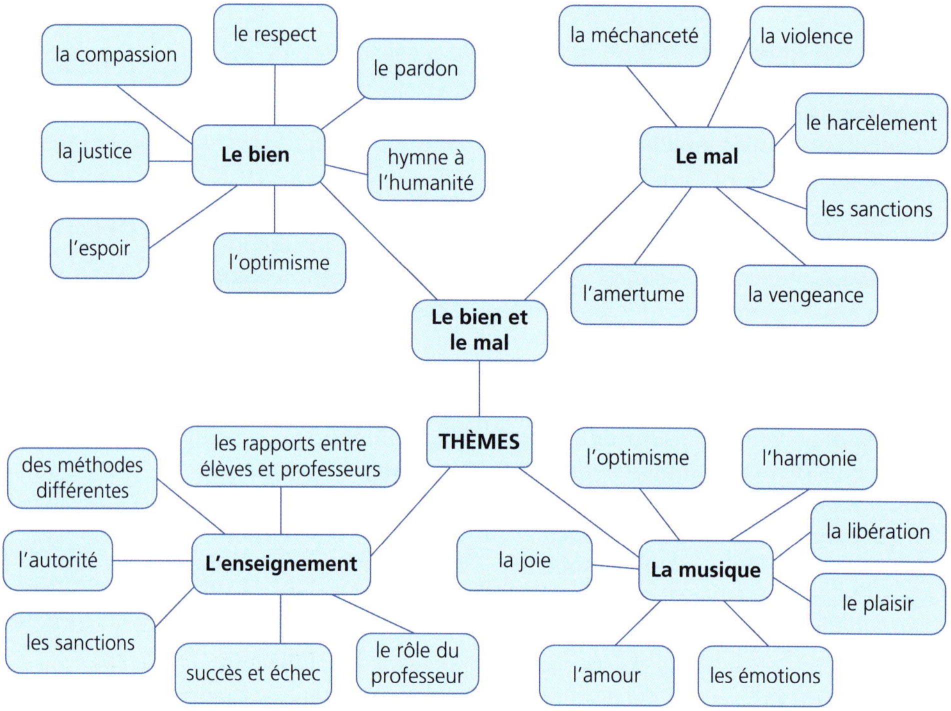
THÈMES
Le bien et le mal
Le bien
la compassion
le respect
le pardon
la justice
hymne à l'humanité
l'espoir
l'optimisme
Le mal
la méchanceté
la violence
le harcèlement
les sanctions
l'amertume
la vengeance
L'enseignement
des méthodes différentes
les rapports entre élèves et professeurs
l'autorité
les sanctions
succès et échec
le rôle du professeur
La musique
l'optimisme
l'harmonie
la libération
la joie
le plaisir
l'amour
les émotions

Activités

1 Associez les personnages avec les thèmes suivants :

l'amour	l'enseignement
la méchanceté	la musique
l'autorité	

Personnages	Thèmes
Clément Mathieu	
Pierre Morhange, enfant	
M. Rachin	
Pascal Mondain	
Violette	

2 Choisissez la fin de phrase correcte.

1 Il va sans dire qu'/que…
  - a un des thèmes principaux est l'éducation.
  - b un des thèmes principaux est la guerre.
  - c le thème de la musique n'est pas exploité efficacement.

2 En analysant les thèmes, il faut se rappeler que…
  - a c'est une histoire vraie.
  - b les personnages sont célèbres.
  - c l'histoire est une histoire fictive.

3 La représentation de l'éducation dans le film est…
  - a désolante.
  - b positive.
  - c inventée.

4 Le thème de la tristesse…
  - a est omniprésent.
  - b n'est pas abordé dans le livre.
  - c est un thème secondaire.

5 Le personnage de Pascal Mondain représente le thème…
  - a de la justice.
  - b de l'éducation.
  - c du mal.

6 Le thème de l'espoir apparait à travers le personnage de…
  - a Pascal Mondain.
  - b Pépinot.
  - c Chabert.

3 Répondez aux questions ci-dessous sur les thèmes du film en vous servant des débuts de phrases qui vous sont suggérés.

1 En quoi est-ce que le personnage de Clément Mathieu est synonyme d'humanité ?
Il est évident que Clément Mathieu est synonyme d'humanité puisque…

2 Donnez deux aspects qui montrent la similarité entre les personnages de Chabert et Langlois.
Il est évident que Chabert et Langlois sont similaires étant donné qu'ils incarnent…

3 Donnez deux aspects qui soulignent que *Les choristes* est un film optimiste.
Les choristes *est un film optimiste puisque…*

4 Le personnage qui incarne le thème de la justice est…
Un exemple implicite du thème de la justice est…

5 Comment est-ce que le thème de l'amour se manifeste dans le film ? Donnez deux aspects.
Dans Les choristes, *le thème de l'amour se manifeste à travers…*

Vocabulaire

s'attribuer les mérites to take credit for
avoir recours à to use
le bien et le mal good and evil
blesser to hurt
le bonheur happiness
carcéral(e) prison-like
le catalyseur catalyst
chahuter to misbehave
cloitré(e) enclosed
la compassion sympathy, pity
dénoncer to denounce
la discorde conflict
éduquer to educate
s'épanouir to flourish, to be fulfilled
éprouver to feel
l'espace carcéral prison
l'espoir (*m*) hope
être aux antipodes de to be the total opposite of
être pris au piège to be trapped
l'incarnation (*f*) embodiment, incarnation
incarner to embody, to represent, to incarnate
la joie joy
libérateur (-trice) liberating
libérer to free, to liberate
la méchanceté wickedness
les méchants the 'baddies'
rabaisser to demean
les rapports relationships
renaitre to be born again
ressentir to feel
sauver to save
souligner to highlight
la vague wave
vaincre to defeat
valoriser to value
se venger to take revenge

5 Characters

Les personnages principaux de ce film sont :

- Pierre Morhange
- Clément Mathieu

Les personnages secondaires sont :

- M. Rachin
- Chabert
- Violette Morhange
- Pascal Mondain
- Pépinot
- le Père Maxence
- les enfants de la chorale

TASK

1 Regardez les premières séquences du film qui présentent Pierre Morhange adulte. Comment est-ce que vous apparait ce personnage ?

Pierre Morhange

Pierre Morhange, adulte

Le film commence avec le personnage de Pierre Morhange, adulte, qui se trouve à New York lors d'un concert de musique dont il est le chef d'orchestre. L'identité de ce personnage n'est pas évidente au début puisque le seul détail de son identité qui est dévoilé est son prénom. Il faudra attendre qu'il soit chez sa mère, après l'enterrement, pour que nous en apprenions un peu plus sur lui grâce aux **gros plans** sur les coupures de magazine.

le gros plan close-up

Pierre Morhange, enfant

Pierre Morhange, enfant, est le personnage principal du film.

Le rebelle : « tête d'ange, diable au corps »

Malgré sa « tête d'ange », on découvre, au début du film, que Pierre est un enfant rebelle **dont** il faut **se méfier**. En effet, on apprend qu'il a passé plusieurs séjours au cachot et qu'il est souvent puni. De plus, son **comportement** au début confirme bien qu'il a « le diable au corps ». Il est **insolent** envers Clément Mathieu et Rachin. En outre, lors de la première rencontre entre Clément Mathieu et la mère de Pierre, on apprend que Pierre a été place à Fond de l'Étang pour **avoir fugué** plusieurs fois. Cependant Clément Mathieu se rend rapidement compte que cette attitude n'est qu'une apparence, une sorte de protection contre les autres enfants pour, vraisemblablement, s'affirmer dans le groupe.

▲ Pierre Morhange, « tête d'ange, diable au corps »

se méfier de to be wary of

le comportement behaviour

insolent(e) rude

fuguer to run away

Key quotation

« Le problème, Morhange, c'est que tu fais des choses qui ne te ressemblent pas. Faire le mur, te bagarrer, jouer les voyous, ça fait peut-être rire les autres, mais pas moi. »

Clément Mathieu

TASK

2 Regardez la séquence de la première leçon de Clément Mathieu et identifiez ce qui montre l'insolence de Pierre Morhange.

Un enfant doué

C'est avec **stupéfaction** et par hasard que Clément Mathieu découvre la voix exceptionnelle de Pierre Morhange. En effet, Pierre ne fait pas partie de la chorale puisqu'il a été puni par M. Rachin. Un jour, dans la salle de classe vide, Pierre se met à chanter en suivant les paroles laissées sur le tableau noir. Clément Mathieu entre alors dans la classe et découvre cette voix angélique. C'est alors qu'il ordonne à Pierre de joindre la chorale. Très rapidement, Pierre se distingue des autres élèves et Clément Mathieu lui donne des solos. Pierre ne cesse d'**émerveiller** et de surprendre son professeur. Selon lui, Pierre a, en effet, « un **don** exceptionnel » et « sa voix est un miracle ». Au concert devant la comtesse, Pierre **éblouit** tout le monde par son talent. À la fin du film, on apprend qu'après avoir quitté Fond de l'Étang et sous les **conseils** de Clément Mathieu, Pierre est entré au Conservatoire de musique de Lyon et devenu le prestigieux chef d'orchestre que nous découvrons au début du film.

Un enfant réservé et introverti

Un autre trait de la personnalité de Pierre Morhange qui transparait tout au long du film est qu'il est un enfant très **sensible** et réservé. Pierre ne supporte pas que Mondain fasse des allusions par rapport à sa mère. De plus, quand Pierre voit sa mère avec Clément Mathieu, il se venge en jetant de l'encre sur sa tête.

Bien qu'il **fasse des bêtises**, ce comportement ne semble pas **coller avec** son caractère profond. En effet, on pourrait expliquer l'insolence de Pierre par son **manque de repères** et peut-être aussi parce qu'il ne sait pas encore que la musique est un don pour lui. Il est pour ainsi dire « **perdu** ». En effet, dès qu'il découvre la musique et que Clément Mathieu le prend sous son aile protectrice, Pierre se transforme.

la stupéfaction surprise

émerveiller to amaze

le don gift

éblouir to dazzle, to impress

les conseils (*m*) advice

sensible sensitive

faire des bêtises to mess around

coller avec to match

le manque de repères lack of points of reference

perdu(e) lost

Key quotation

« Il ne peut pas s'en douter, mais moi j'en suis sûr. Sa voix est un miracle. La promesse rare d'un don exceptionnel. »

Clément Mathieu

TASK

3 Regardez la séquence de la première rencontre entre Clément Mathieu et Violette Morhange et notez ce qui souligne que Clément Mathieu croit au talent de Pierre.

disaffected mécontent(e), désintéressé(e)

confidence la confiance en soi

to instil inculquer

metamorphosis la métamorphose

to tame apprivoiser

Pierre Morhange undergoes a change in the film. Once a rebellious, **disaffected** child, he leaves Fond de l'Étang with **confidence**, having found a talent no one knew he had. Like a butterfly, Pierre has come out of his chrysalis, spread his wings and flown away. Clément Mathieu has **instilled** hope in Pierre, sharing his passion for music and transforming his life. Despite having been in each other's company for only about 5 months, the influence Clément Mathieu has on Pierre is profound.

Pierre's transformation is obvious through his singing, but he also undergoes a physical **metamorphosis**; as Clément Mathieu's music has a positive effect on Pierre, his face lights up, he smiles more and we see him captivated by his teacher, as if he has been **tamed**. His gratitude and confidence are clear in the final concert. Like the other boys, Pierre has been on a journey thanks to Clément Mathieu, who has made him believe in himself and grow. His behaviour towards his mother also changes; as he leaves the school, he is able to show his affection for her.

GRADE BOOSTER

Always analyse how the characters change and why.

Build critical skills

1 Pierre a changé grâce à Clément Mathieu. Comment peut-on montrer que Clément Mathieu croit en Pierre ? Donnez des exemples précis.

Key quotation

« Surveillant à votre âge ? »

Langlois, à Clément Mathieu

Clément Mathieu

Clément Mathieu est un ancien professeur de musique et il arrive à Fond de l'Étang en janvier 1949 pour prendre le poste de surveillant. On ne peut pas nier que ses débuts dans cette école ne sont pas faciles, mais petit à petit il va gagner la confiance des élèves et va avoir une influence profonde sur eux et sur certains professeurs.

Le « musicien raté »

C'est avec un air plutôt pessimiste que Clément Mathieu arrive à Fond de l'Étang. Avec appréhension, il dit en effet : « Fond de l'Étang. Même le nom de l'établissement semblait avoir été choisi pour moi. »

Petit à petit, on découvre que Clément Mathieu pense qu'il a raté sa carrière et qu'il se sent inférieur aux autres à cause de son statut de **pion**. En effet, à plusieurs reprises, on s'aperçoit qu'il **tente** de se rendre plus important en mentionnant sa carrière passée : au Père Maxence il s'affirme en disant : « J'ai déjà donné des cours » et à Langlois il répond : « Mais j'ai déjà enseigné » quand celui-ci **s'étonne** qu'il soit surveillant à son âge.

Clément Mathieu avait certainement l'ambition de devenir un grand musicien et semble avoir abandonné cette idée. C'est sans doute cela qui le pousse à aider Pierre à trouver sa voie dans la musique. Sa remarque à M. Rachin, « Ce n'est pas une raison pour leur faire payer votre échec », montre bien cet aspect : malgré son propre échec, il veut aider les autres.

le pion slang for ***un surveillant***, a supervisor

tenter to attempt, to try

s'étonner to be surprised

Build critical skills

2 Quand Clément Mathieu lit les informations que les enfants ont écrites sur eux-mêmes pendant leur première leçon avec lui, il dit : « mais pas un seul pion ». Comment peut-on analyser cette remarque ?

Key quotation

« Moi qui m'étais juré d'enterrer à jamais mes notes de musique. Ne jamais dire jamais. Il y a toujours quelque chose à tenter. »

Clément Mathieu

L'espoir

Tous les soirs, il compose des chansons pour ses élèves en lesquels il croit et ceux-ci l'inspirent. Il est évident que Clément Mathieu pense que les élèves peuvent arriver à quelque chose, malgré ce que pense M. Rachin. La séquence qui montre les enfants écrire ce qu'ils rêvent d'être représente très bien cette idée : Clément Mathieu accepte qu'ils soient des enfants, et comme tout enfant, ils ont des rêves.

Grâce à sa patience et à sa persévérance, les enfants sont **méconnaissables** à la fin du film ; turbulents et insolents au début, les « **gosses** » de Fond de l'Étang sont joyeux et reconnaissants à la fin. Clément Mathieu leur montre que tout est possible.

Avec son arrivée à Fond de l'Étang et sa chorale, une vague d'espoir et d'optimisme envahit l'école et Clément Mathieu touche beaucoup de monde avec sa musique. Les élèves, bien sûr, mais aussi les professeurs, Chabert et Langlois, qui, grâce à lui, **dérogent aux** règles strictes de Rachin et se transforment. En effet, Langlois reprend sa passion pour la musique et Chabert devient plus « humain » envers les enfants. Même Violette Morhange exprime sa reconnaissance envers Clément Mathieu, voyant bien qu'il a une bonne influence sur ses élèves.

Quand Clément Mathieu quitte Fond de l'Étang, il est envahi par une bouffée d'optimisme. Bien qu'il ait été renvoyé et qu'il quitte les enfants, il se réconforte en pensant que les enfants ont un meilleur avenir devant eux. En effet, d'abord déçu de ne pas voir les enfants lui dire au revoir, il se réjouit quand il voit les avions en papier voler. Il sait que les enfants l'apprécient et qu'il les a aidés.

méconnaissable unrecognisable

les gosses kids

déroger à to stray away from

Key quotation

« À cet instant, je ressentis une bouffée de joie et d'optimisme. J'aurais voulu le crier au monde entier. »

Clément Mathieu

TASK

4 Trouvez un exemple qui montre que Clément Mathieu a un effet positif sur M. Langlois.

Une leçon d'humanisme

L'attitude de Clément Mathieu en ce qui concerne la discipline est totalement opposée à celle de l'établissement. Clément Mathieu ne comprend pas le régime répressif de cette école et choisit de ne pas **s'y soumettre**. Au début, on se rend compte que Clément Mathieu essaie de suivre les règles de cet établissement et copier l'attitude hautaine et **méprisante** des autres professeurs, mais il abandonne très vite. Au lieu d'humilier les enfants et de leur faire subir des sanctions inutiles et **dégradantes**, il adopte une attitude plus humaine, leur **inculquant** des valeurs fondamentales.

Pour Clément Mathieu, la justice est essentielle, et tout au long du film il suit ses principes : chaque enfant doit être traité avec justice, même Mondain ! En effet, après avoir découvert que Mondain n'est pas responsable du vol des 200 000 francs, Mathieu rétorque à Rachin, très fataliste, « Il y a une justice quand même ! »

Sa façon de s'adresser aux élèves est très respectueuse et compréhensive. Il apporte de la tendresse à ces enfants, dont certains n'ont plus de parents, sans doute perçu par beaucoup comme une figure paternelle.

De plus, Clément Mathieu fait preuve de respect, de compassion et d'humour pour répondre au comportement provocateur et insolent de certains élèves. Il ne pense pas, en effet, que ces gamins soient « **des bons à rien** » et c'est la raison pour laquelle il crée sa chorale : pour leur montrer qu' « il ne faut jamais dire jamais ». Bien que les élèves soient à Fond de l'Étang, ils peuvent avoir des rêves, des ambitions et s'en sortir. Pour cela, Clément Mathieu leur apprend à se respecter et à vivre en harmonie. Par exemple, en ordonnant à Le Querrec d'aider le Père Maxence, Clément Mathieu veut lui montrer qu'il est possible de **se faire pardonner**.

Les efforts de Clément Mathieu sont récompensés à la fin du film : Pierre est **reconnaissant** et fier de lui, et les enfants expriment leur **attachement**.

se soumettre à (qqch) to submit to (sth)

méprisant(e) scornful, contemptuous

dégradant(e) degrading

inculquer to teach, to instil

le bon à rien good-for-nothing

se faire pardonner to make amends

reconnaissant(e) grateful

l'attachement (*m*) affection

Key quotation

« Saint Mathieu! »

Rachin

GRADE BOOSTER

Don't forget to use concrete examples to support your argument.

TASK

5 Regardez la séquence de la première leçon de Clément Mathieu et identifiez l'humour qu'il emploie pour répondre aux provocations des enfants.

Un homme au grand cœur

Nul ne pourrait nier la générosité et la tendresse que Clément Mathieu exprime envers ses élèves qui, très vite, deviennent « ses 60 enfants ». On ressent aussi un sentiment de sacrifice personnel.

On voit souvent Clément Mathieu avoir des gestes de **tendresse** envers eux : il remonte la couverture sur Pépinot, le protège de Mondain et sert Le Querrec contre lui quand le Père Maxence est envoyé à l'hôpital, par exemple, ce qui change du régime strict de cet établissement.

Sa bonté et sa compassion envers les autres le poussent à mentir quelquefois pour cacher la vérité qui pourrait blesser. Par exemple, il ment à Rachin quand les enfants chahutent avec sa **sacoche** dans la salle de classe et il dit à Violette que Pierre est chez le dentiste au lieu de lui avouer qu'il est puni.

Clément Mathieu est un homme si **attachant** qu'il **mérite** de trouver le bonheur. Nous sommes évidemment très tristes pour lui quand il s'aperçoit que son attraction pour Violette n'est pas réciproque. Cependant, sa décision finale d'emmener Pépinot avec lui couronne cette bonté et on se réjouit en pensant que Clément Mathieu et Pépinot ne seront plus seuls.

la tendresse tenderness

la sacoche bag, briefcase

attachant(e) endearing

mériter to deserve

Build critical skills

3 À votre avis, pourquoi est-ce que Clément Mathieu dit à Violette Morhange que Pierre est chez le dentiste au lieu de lui dire qu'il est au cachot ?

The changes in the children and other staff thanks to Clément Mathieu are obvious at the end of the film, but it is important to note that Clément Mathieu changes too. On his arrival at Fond de l'Étang, he is rather pessimistic: he thinks he is a failure and we can sense that he has low self-esteem. However, when he leaves, he is a happier man, who realises that he has touched and changed the lives of a lot of people.

During the film, he decides to write music again, despite having decided that he would never write again. He inspires others and is also inspired by them. He feels elated and more inspired as he writes songs for his pupils.

His attitude towards M. Rachin also suggests that Clément Mathieu has changed. At the start of the film, he does not dare to contradict this authoritarian man, but at the end he is able to tell him what he thinks of him. Clément Mathieu is confident in his strengths and he is able to stand up for what he believes.

Hero or anti-hero?

At the start of the film, Clément Mathieu could be considered as an anti-hero as he does not appear to have any of the qualities of a hero: he has no charisma, is pessimistic, considers himself a failure and cannot stand up to M. Rachin. He is, in fact, more a victim than a hero. Society would categorise him as an outcast, as he is on his own and does not have a 'proper job'. Also, to some extent, Pierre Morhange's international success seems to reinforce Clement Mathieu's failure as a musician. Yet, by the end of the film, through his determination, he has managed to inspire and transform the boys, showing that one man really can make a difference. He may be an unlikely hero, but he becomes a true hero for the boys.

Key quotation

« Donc, si dans 3 secondes je n'ai pas le coupable, chacun d'entre vous fera 6 heures de cachot à tour de rôle. »

M. Rachin

M. Rachin

M. Rachin est le directeur de Fond de l'Étang.

Un homme autoritaire et odieux

Dès son apparition à l'écran, il est clair que M. Rachin est un homme autoritaire. À l'arrivée de Clément Mathieu, il l'accueille froidement en lui **reprochant** d'être en retard. Il montre déjà ici son intransigeance. Tout de suite, il lui explique le règlement intérieur de l'école.

M. Rachin dirige son école en tyrannisant les élèves en les envoyant au cachot, en leur faisant subir des punitions corporelles et en appliquant sa fameuse règle « Action-réaction ». Les enfants ont peur de lui et lui obéissent, certainement pas par respect mais par peur. Son autorité est si bien établie qu'il suffit à M. Rachin d'entrer dans la salle de classe pour que les enfants se taisent et se lèvent. Son approche éducative **engendre** souvent la discorde, puisqu'il invite les enfants à la **délation**, attitude contre laquelle Clément Mathieu proteste.

Un homme sans cœur

L'autorité de M. Rachin **va de pair avec** son indifférence. « Action-réaction » souligne très bien l'autorité de M. Rachin mais aussi son intransigeance. M. Rachin ne cherche pas à comprendre les enfants, son rôle est de les faire obéir. En effet, Rachin se considère en tant que directeur d'une école de rééducation dont le but principal est de « remettre ces enfants **dans le droit chemin** », plutôt que de les aider et les éduquer. Pour Clément Mathieu, il est clair que M. Rachin est un homme incompétent au poste qu'il occupe.

Rachin est un homme pour lequel il est facile de ressentir de l'antipathie à cause de sa **froideur** et son manque d'humanité. Par exemple, il laisse les enfants se laver à l'eau froide et impose des punitions collectives. Cette attitude contraste, bien sûr, avec celle que Clément Mathieu adopte envers les enfants.

reprocher to reproach

engendrer to generate

la délation informing

aller de pair avec to go hand in hand with

dans le droit chemin on the right track

la froideur coldness

Key quotation

« Je vais vous administrer une correction dans mon bureau dont vous allez vous souvenir. »

Rachin

Rachin seems to define himself and find a purpose through his authority and punishing of the boys. At the start of the film, we see him repeatedly asserting his authority and his tyranny within the school. Yet, as the boys become happier and less disruptive, we see him 'with nothing to do', cutting his nose hair and making paper planes in his office. These aspects bring some lightness and humour to this rather disagreeable man. Thanks to these touches of comedy and humour, along with Clément Mathieu's hope, the film retains a feel-good and positive tone.

Key quotation

« Monsieur Pépinot, vous êtes un cancre. »

Rachin

We cannot help but smile at other moments in the film when Rachin's weaker points are highlighted: his ignorance when Dr Dervaux brings Mondain, not really understanding the words used by Dr Dervaux, and his pathetic attitude with the countess when he is asking for his medal. Moreover, when he dismisses Clément Mathieu, he seems to lose his mind for a while and acts strangely, belittling Clément Mathieu and admitting his own faults. Despite being a disciplinarian, Rachin comes across as a weak man.

Rachin gives us a moment of hope when he seems to have been touched by the general atmosphere of happiness, but it is short-lived. His bitterness and nastiness resurface rapidly.

It appears that Rachin does not like anything new or that goes against his motto 'Action-réaction'. Indeed, he is not very keen about the choir and quickly stops it. When the three boys sing a rather inappropriate song under Rachin's window, this episode confirms his idea that new experiences are not good. To him, the boys are hopeless and nothing can be done for them. Moreover, he becomes annoyed when things do not go his way. Mondain is a good example: when Mondain rebels and rejects his authority, Rachin is irate and phones the police, pretending Mondain has admitted he has committed a theft.

TASKS

6 Regardez la séquence quand Rachin renvoie Clément Mathieu et notez ce qui montre que Rachin est un homme aigri.

7 Identifiez des passages qui montrent des punitions corporelles infligées par M. Rachin.

GRADE *BOOSTER*

Always try to find two sides of a character.

Pascal Mondain

odieux (-euse) heinous, despicable

amener to bring

le pervers deviant

le mythomane compulsive liar

Un odieux personnage

Dès son arrivée à Fond de l'Étang, il est clair que Pascal Mondain va poser des problèmes. **Amené** par un psychiatre, Mondain est décrit comme un **pervers** et un **mythomane**. Mondain aime les provocations et ne va pas manquer d'affirmer sa personnalité pendant sa première rencontre avec Clément Mathieu. Mondain refuse de se soumettre à l'autorité de l'établissement et est donc puni à plusieurs reprises, en étant envoyé au cachot et en recevant des châtiments corporels. Même Rachin ne peut imposer son autorité sur Mondain, qui se rebelle et se montre violent. Son physique, sa façon de parler et son comportement renforcent sa personnalité antipathique.

Key quotation

« Mondain se situe dans la zone limite. Ce n'est donc pas un démon à proprement parler mais attention. »

Dr Dervaux

TASK

8 Regardez la séquence de la première leçon de Mondain et identifiez ce qui montre que c'est un provocateur.

Build critical skills

4 Comment est-ce que la façon de parler de Mondain renforce sa personnalité ?

le perturbateur trouble-maker

ébranler to undermine, to weaken

persuader to convince

Le perturbateur

On se rend vite compte que Mondain a une mauvaise influence sur les autres élèves et commence à **ébranler** l'harmonie que Clément Mathieu vient de créer parmi les élèves. En effet, Mondain provoque Pierre Morhange en insultant sa mère, tente de **persuader** certains élèves que Clément Mathieu est un homme dont il faut se méfier et instaure sa tyrannie en demandant à Pépinot de payer pour aller se coucher.

TASK

9 Regardez la séquence de la première leçon de Mondain. Qu'est-ce qui montre dans son attitude qu'il ne veut pas se joindre au groupe ?

Mondain seems to be the only pupil who has not been affected by Clément Mathieu's optimism and music, and is the only troubled and violent boy at the end of the film. Even though it is not explicitly stated that Mondain is responsible for the fire, the shot of him looking down from the top of the hills above at the burning school suggests he is.

Mondain could be viewed as a lost cause, as even before he arrives at the school he has been labelled by society. According to the doctor and the scale they use to determine intelligence, Mondain is a deviant and a liar. This label convinces Rachin that Mondain is guilty of theft when money goes missing, even though he never admits to it and we later find out that Corbin stole the money. Rachin's final comment about Mondain when Maxence and Mathieu find out that he did not steal the money reinforces this idea of injustice: '...de toute façon, Mondain aurait été coupable une autre fois. On ne peut rien pour ce genre d'individus.'

Mondain's character supports Clément Mathieu's humanist and pacifist views that hatred engenders hatred. In general terms, society has failed Mondain. His experience of corrective institutions has left him bitter and marked for life; he has been the victim of both mental and physical abuse. In Fond de l'Étang, we witness that violence leads to violence when, after being beaten for half an hour by Rachin, Mondain rebels and attacks Rachin. By setting light to the school, he takes his revenge for the unjust treatment he has received at Fond de l'Étang.

Good and evil characters?

The opposition of the characters of Rachin and Mondain to the character of Clément Mathieu give the film a rather **Manichaean** dimension. In a Manichaean world, there is an absolute distinction between good and evil (or light and dark), and Rachin and Mondain are the incarnation of 'evil', in constant battle with Clément Mathieu, who represents 'good'. However, when we see Rachin's momentary change of behaviour, this absolute distinction is blurred — not everyone is all good or all bad.

Manichaean
manichéen(ne), relatif au concept du bien et du mal

Build critical skills

5 À votre avis, pourquoi est-ce que Mondain a mis le feu à l'internat ?
6 Comment peut-on interpréter le regard que Mondain lance à Clément Mathieu quand il part avec la police ?

▲ Mondain lançant un regard à Clément Mathieu quand il est emmené par la police

Violette Morhange

attrayant(e) attractive
s'éprendre de to take a liking to someone
attentionné(e) caring

Violette est une femme douce, gentille, élégante et **attrayante**, il n'est donc pas surprenant que Clément Mathieu **s'éprenne d**'elle.

Une mère attentionnée

Malheureusement, à cause de son comportement, il a été décidé, contre sa volonté, que Pierre soit placé à Fond de l'Étang. Il est pourtant clair que Violette Morhange est une mère **attentionnée** envers son fils.
On la voit, en effet, venir lui rendre visite même quand ce n'est pas le jour des visites et elle lui apporte son gâteau préféré. Violette est très démonstrative envers son fils, mais ceci n'est pas réciproque au début du film. À la fin, Pierre, métamorphosé, quitte Fond de l'Étang, donnant le bras à sa mère. Violette est une femme **dévouée** à son fils : elle le fait passer avant tout et elle n'hésite pas à mettre fin à sa relation avec son compagnon pour le bonheur et le **bien-être** de son fils.

dévoué(e) devoted
le bien-être wellbeing
célibataire single
subvenir aux besoins de qqn to support someone financially
aisé(e) well-off

La mère célibataire

La vie pour Violette n'est pas facile ; elle est mère célibataire et doit travailler pour **subvenir aux besoins de** sa famille. On comprend que Violette n'est pas **aisée** puisqu'on apprend qu'après la décision d'envoyer Pierre à Fond de l'Étang, son seul réconfort était qu'il allait pouvoir « manger chaud midi et soir ».
De plus, être mère célibataire à cette époque n'était pas facile à cause des préjugés de la société, encore très traditionnelle. Comme elle s'en rend compte elle-même, le fait d'être seule la différencie des autres mères.

Violette represents single mothers in postwar France, having to deal with financial hardship and prejudice. She is also one of the few women in the film. Women are always presented away from the masculine school environment. There are no female teachers at the school; the only woman working at the school is Mme Marie, who appears to be the cleaning lady, hence not in a superior role. Rachin's daughters are never seen inside the school. When the boys see the girls, it is through the windows and they are out in the garden while the boys are in class. Mothers are allowed in only at particular times and in an area separate from the boys' living quarters. As far as Mme Rachin is concerned, we are not really sure what she does; we see her only outside with her daughters enjoying the sunshine or in the car, beside him, when he leaves the school.

Key quotation

« Lorsque, contre la volonté de sa mère, Pierre fut placé à Fond de l'Étang, elle déclara au juge : « Au moins, il mangera chaud, midi et soir. »

Voix off de Clément Mathieu

TASK

10 Regardez la séquence quand Chabert donne du bois pour les douches. Pourquoi est-ce que Clément Mathieu est surpris ?

Chabert et Langlois

Chabert et Langlois sont deux professeurs de Fond de l'Étang. Ils sont très similaires et leur évolution est intéressante. Au début du film, conditionnés par le régime autoritaire de M. Rachin, ils paraissent très antipathiques. En effet, ils ne **sourient** jamais, sont très strictes et ne montrent aucune compassion envers les enfants. Chabert est particulièrement dur et strict.
Toutefois, alors que l'effet positif de la musique touche les enfants, Chabert et Langlois sont aussi contaminés par cet **élan** d'espoir et d'optimisme. Chabert devient plus humain et amical, et Langlois moins strict et moins **coincé**. Les deux hommes étonnent Clément Mathieu par leur changement. À la fin du film, ces deux personnages suscitent notre sympathie et aussi notre reconnaissance pour avoir dénoncé les méthodes cruelles de Rachin.
Ces deux personnages **adoucissent** l'idée du manichéisme dans l'histoire en montrant que le « mal » peut se transformer en « bien ».

sourire to smile

l'élan (*m*) burst

coincé(e) uptight

adoucir to soften

Chabert and Langlois can be seen to represent how people can be **indoctrinated** and adhere to a system against their better judgement. By the end of the film, Chabert and Langlois have turned into likeable and pleasant men who previously had no choice but **to abide by** the strict regime of the school. These characters also reinforce the idea that one man is able to make a difference. Encouraged and driven by Clément Mathieu's optimism, both Langlois and Chabert react to the rigid rules and become better people, who we finally warm to.

indoctrinated endoctriné(e)

to abide by obéir à

TASK

11 Regardez la séquence quand Langlois commence sa leçon de mathématiques. Qu'est-ce qui montre qu'il a deux personnalités, très opposées ?

Key quotation

« Au contraire, j'adore la musique. Il m'arrive parfois moi-même de pousser la chansonnette. »

Langlois

Le Père Maxence

Le Père Maxence est le gardien de l'école. Il est le premier personnage à accueillir Clément Mathieu à son arrivée et tout de suite il est clair que c'est un homme gentil.

Père Maxence is similar to Clément Mathieu in that he brings a sense of humanity and compassion to Fond de l'Étang. It is clear from the beginning that Père Maxence **is fond of** the boys and believes that, deep down, they are good.

to be fond of bien aimer

He is a kind man who wants the best for them. The reaction of the boys when he returns to the school clearly indicates how the boys have changed. They are now able to show their appreciation for Père Maxence, which, at the start of the film, would have been unlikely.

Key quotation

« C'est comme lui. Tout le monde dit qu'il y a rien à faire, mais c'est pas vrai. »

Père Maxence about Le Querrec

Build critical skills

7 Au début du film, qu'est-ce qui montre que les enfants ne respectent pas le Père Maxence ?

Pépinot

Pépinot, adulte

Tout comme Pierre Morhange, nous voyons Pépinot, adulte, au début et à la fin du film. Bien sûr, le film se concentre sur Pierre Morhange, mais il y a aussi une autre histoire : celle de Pépinot : qui a été adopté par Clément Mathieu.
Pépinot, adulte, alors qu'il apparait à la porte de la maison de Violette, est un homme sympathique.

Pépinot, the boy

endearing attachant(e)
orphan l'orphelin(e)

Pépinot is an **endearing** little boy, whom we meet for the first time at the gates of the school, on Mathieu's arrival. Pépinot is an **orphan**, but every Saturday he waits for his father to come and collect him. The character of Pépinot represents the idea that, with hope, dreams can come true.

bullied maltraité(e), malmené(e), harcelé(e)

Pépinot, being one of the youngest of the boys, does not have an easy life at Fond de l'Étang; he is often **bullied** by the older boys. During the film, a close relationship develops between Pépinot and Clément Mathieu, who jumps to Pépinot's defence when he finds out that Mondain is bullying him.

▲ Pépinot — every Saturday he waits at the school gate for his father to come and collect him

His character also highlights the fact that those who are weak or outcasts are often the victims in society.
Clément Mathieu, Pépinot, Père Maxence and the boys are all the victims of Rachin's oppression and tyranny. Being weak and nice does not seem, in the first instance, to be valued by society.

Key quotation

« Pépinot avait raison d'y croire. Le jour du renvoi de Mathieu, c'était un samedi. »

Voix off

Les enfants et la chorale

La chorale et la transformation des élèves sont la preuve du succès de Clément Mathieu et du pouvoir de la musique.
Les **pensionnaires** de Fond de l'Étang représentent ces enfants abandonnés et condamnés à l'échec par ces institutions spéciales. Pour la plupart, ces enfants n'ont aucun repère et sont emprisonnés dans un système répressif qui ne les comprend pas.
Parmi la soixantaine de pensionnaires de Fond de l'Étang, seulement un petit nombre d'entre eux deviennent familiers : Boniface, Le Querrec, Corbin et bien sûr Pépinot et Morhange.
Boniface et Pépinot semblent être les deux seuls « bons » garçons de cet établissement, et on pourrait se demander la raison pour laquelle Boniface est à Fond de l'Étang. Ces deux « bons petits gamins » renforcent une nouvelle fois l'idée que les « faibles » sont les victimes.
En effet, Boniface est tiré **au hasard** pour la punition collective et Pépinot n'a pas la vie facile.
Corbin et Le Querrec, quant à eux, sont des personnages importants puisque leur relation avec Clément Mathieu dévoile la personnalité de celui-ci. En effet, étant confronté aux bêtises de ces enfants, Clément Mathieu révèle l'ampleur de son humanité.

▲ La chorale et la transformation des élèves sont la preuve du succès de Clément Mathieu et du pouvoir de la musique

les pensionnaires boarders

au hasard randomly

Key quotation

« Mais, ils sont comment les gamins exactement ? »

Clément Mathieu

And they all lived happily ever after...?

For some, the story of *Les choristes* may appear **far-fetched** and unrealistic, a kind of modern **fairy tale**. Indeed, in a supposedly unruly and hostile environment, Clément Mathieu soon manages to conquer and transform the boys, meeting few obstacles on the way.

As in all fairy tales, the film presents a slightly Manichaean world in which endearing characters battle against the odds to defeat the villains. Yet, thanks to 'magic' and a heroic moment, the characters we warm to have a relatively **happy ending**.

far-fetched impossible

fairy tale le conte de fées

happy ending la fin heureuse

comforting rassurant(e)

parable la parabole

Although the end of the film does not give a clear ending for all the characters, it is possible to guess what happens to them. We learn that Rachin had to leave the school, and we can imagine that Chabert and Langlois are happier men and teachers; Pépinot and Clément Mathieu have found each other and we know that Pierre has had a prestigious career. Nothing is said about the other children, but it is **comforting** to think that, thanks to Clément Mathieu, the boys were able to see their future in a brighter light. It is clear, when Clément Mathieu leaves the school, that all the children are happier and that, in itself, makes for a happy ending.

The message that shines through the characters is powerful: a **parable** that one person, driven by love, is able to make a difference, even in the most hostile of environments.

Key quotation

« Pépinot avait raison d'y croire. »

Voix off

Build critical skills

8 *Les choristes* peut être considéré comme un conte de fées. À votre avis, qui sont les bons et les méchants, et où se trouve ce pays lointain ?

Personnages

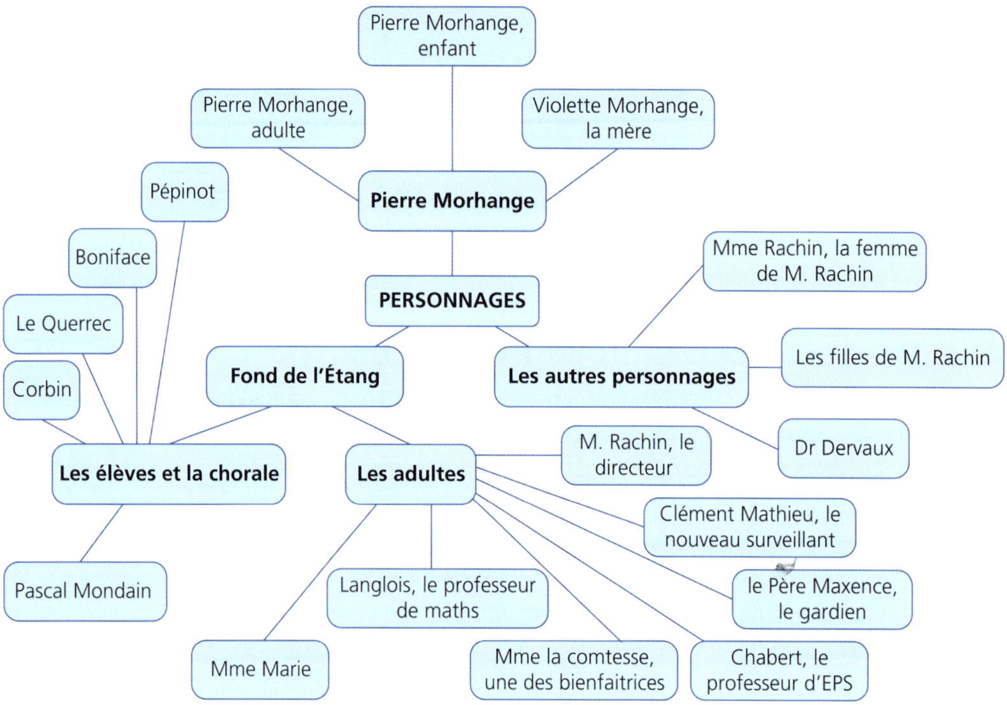

Activités

1 Écrivez trois adjectifs pour décrire les personnages suivants :
1 Pierre Morhange, l'enfant
2 Clément Mathieu
3 M. Rachin
4 Violette Morhange

2 Pour chaque personnage (Pierre Morhange, l'enfant ; Clément Mathieu ; Chabert), écrivez une phrase présentant deux côtés différents de leur personnalité.

Exemple de phrases :

*D'un côté, on pourrait dire que **Pierre** est ...., cependant d'un autre côté, on peut aussi le considérer comme ....*

Bien que d'un côté, ... soit .... , d'un autre côté il apparait également ....

GRADE BOOSTER

Ensure that you use varied and rich language in your answers. Adjectives are a good way to embellish your French.

3 Écrivez un adjectif pour chaque personnage dans les scènes suivantes. Servez-vous du vocabulaire des pages 58 et 59.
1 Pendant sa première leçon avec Clément Mathieu, Pierre Morhange apparait ....
2 Quand M. Rachin accueille Clément Mathieu, on se rend compte qu'il est ....
3 Dans la scène avec Le Querrec, on s'aperçoit bien que Clément Mathieu est ....
4 À la fin du dernier concert, on se rend compte que Pierre est très ....
5 Quand Clément Mathieu se retrouve seul après son rendez-vous avec Violette, cela souligne sa ....
6 Dès son arrivée, on se rend compte que Pascal Mondain est un adolescent très ....

4 Répondez aux questions suivantes en français.
1 Donnez deux exemples qui montrent que Pierre a changé grâce à Clément Mathieu.
2 En quoi est-ce que M. Rachin et Clément Mathieu s'opposent ?
3 Pourquoi est-ce que Clément Mathieu considère que sa vie est un échec ?
4 Décrivez comment la société de l'époque a un impact négatif sur les personnages. Donnez deux exemples concrets.
5 Quel est l'impact de la musique sur M. Langlois ?
6 Pourquoi est-ce que Clément Mathieu tente, à plusieurs reprises, de cacher les bêtises que les enfants ont faites ? Est-ce un signe de faiblesse ?

Vocabulaire

aigri(e) bitter
amer (-ère) bitter, resentful
l'amertume (*f*) bitterness, resentment
antipathique disagreeable
attachant(e) likeable, endearing
autoritaire authoritarian
avoir de la peine pour to feel sorry for
le bon à rien good-for-nothing
la bonté goodness
chaleureux (-euse) friendly
le comportement behaviour
compréhensif (-ive) understanding
le conte de fées fairy tale
croire en to believe in
la délation informing
désinvolte rude
la discorde discord
doué(e) gifted
évoluer to change
se faire pardonner to make amends
fier (-ère) proud
la fin heureuse happy ending
la froideur coldness
fuguer to run away
la gentillesse kindness
grossier (-ère) rude
hautain(e) arrogant
humain(e) human
l'humour (*m*) humour
inculquer to teach, to instil
insolent(e) rude
juste fair
malpoli(e) rude
manichéen(ne) Manichean, representing the opposition of good and evil

le/la méchant(e) villain
se méfier de to be wary of
le mépris scorn, contempt
méprisant(e) scornful, contemptuous
mesquin(e) mean
se métamorphoser to change
odieux (-euse) heinous, despicable
l'orphelin(e) orphan
la parabole parable
perturbé(e) troubled
problématique challenging
provocateur (-trice) provocative
rassurant(e) comforting
reconnaissant(e) grateful
sans cœur heartless
sans pitié ruthless
sévère strict
se soumettre à to abide by
talentueux (-euse) talented
triste sad
la tristesse sadness
tyranniser to bully
vulgaire rude, vulgar

6 Director's techniques

▲ Director and co-writer Christophe Barratier (centre) on set

The film was co-written by Christophe Barratier and Jean-Philippe Lopes-Curval and directed by Christophe Barratier. *Les choristes*, an adaptation of another French film, *La cage aux rossignols* (1945), is the first film that Christophe Barratier wrote and directed. A musician himself, Barratier transposed his love for music onto the screen.

La narration

There are two time frames in this film. The film starts in the present, with Pierre Morhange and Pépinot as adults reading Clément Mathieu's diary. The second story then unfolds with the same two characters when they were young boys at Fond de l'Étang in 1949.

point of view le point de vue

zoom le zoom

to transport transporter

voice la voix

flashback le retour en arrière, le flashback

cross-fading le fondu enchainé

to conclude conclure

At first, you may think that the entire story will be told from Pierre Morhange's **point of view** as he appears to be the main character. Yet, as soon as Morhange starts reading Clément Mathieu's diary, Mathieu's voice takes over. The **zoom** onto the first page of the diary **transports** viewers back to 1949 and Mathieu takes up the narrating **voice**. The use of the diary facilitates this **flashback** and starts the autobiographic story. In order to ease the transition between the two stories, **cross-fading** is used: as we are shown a drawing of the gate of the school on the first page of the diary, the cross-fading takes us back to 1949 in front of the real gate.

At the end of the story, after the departure of Clément Mathieu, Pierre Morhange's voice takes over again, **concluding** the account of Pierre's time at Fond de l'Étang, and we return to Violette Morhange's home and the present, with Pierre reading the final page of the diary.

La voix off

Voiceover is used when Clément Mathieu shares his thoughts and when he writes in his diary, which indicates that part of the story is told from his point of view.

Voiceover is also used to recount events that happened before or after the story. For instance, we learn why Pierre Morhange is at Fond de l'Étang when Clément meets his mother, Violette, for the first time. This is an effective technique that enables the director to share important elements of the story with his viewers.

Another voiceover is used to conclude the story: the adult Pierre Morhange tells the viewers what happened to the characters after Mathieu's departure from the school, neatly tying up all the loose ends.

TASK

1 Identifiez deux autres exemples de la voix off racontant des évènements antérieurs ou postérieurs à l'action à l'écran.

La musique

The soundtrack, combining songs sung by the boys' choir and regular soundtrack music, is key to the film, given that music undoubtedly contributed to its success. Bruno Coulais composed and arranged most of the score apart from 'Das Künstlerleben' by Johann Strauss, 'La nuit' by Rameau, and 'Cerf-volant', which was written by the director, Christophe Barratier.

Diegetic and non-diegetic music

There are two types of music in this film: **diegetic** and **non-diegetic**. Diegetic music is any music that a character in the film can hear, for instance when the boys sing or when M. Langlois plays the piano; it is an integral part of the scene.

Non-diegetic music is any music that the characters cannot hear. For instance, the **melancholy** music at the start cannot be heard by Clément Mathieu.

There is an example of non-diegetic music changing into diegetic music at the start of the film, when Pierre Morhange receives bad news about his mother and then starts conducting his orchestra. A sound bridge (when the same track is played over different scenes) follows when the orchestra music is still playing as Morhange drives to his mother's funeral. This **creates** continuity and evokes the emotions that run through the different scenes.

Une gamme d'émotions

Music in *Les choristes* evokes a range of emotions and reinforces and adds to the **pathos**.

When Pépinot (adult) arrives at Pierre's mother's home, we hear slow, **lyrical** music that creates a feeling of **nostalgia** as the two men start reminiscing about their past.

When Clément Mathieu arrives at the school, the music is **sombre** and conveys Mathieu's feeling about himself and the place: he is **depressed** and the music underlines the harsh reality of the school.

When Clément Mathieu realises that his sheet music has been stolen, the agitated music adds **drama** to the scene and underlines how **upset** he is. The same feeling of drama is conveyed when the school is in flames, adding **intensity** to the scene. We can feel the **tension** mounting through the scene as the music speeds up. In this scene, the music begins when M. Rachin is meeting the countess in Lyon, foreshadowing that something bad is about to happen.

By contrast, as Clément Mathieu starts forming the choir and writing his own scores, the music conveys a feeling of **optimism**: the tune starts slowly and then accelerates towards the end, catching the viewers up in Mathieu's spirit of optimism.

GRADE BOOSTER

Always consider which techniques are the most effective and support your ideas with evidence from the film.

Key quotation

« Le lendemain, sur le chemin du retour, mon enfance me sautait à la gorge. »

Pierre Morhange, adulte

diegetic diégétique

non-diegetic extradiégétique

melancholy mélancolique

to create créer

pathos le pathos

lyrical lyrique

nostalgia la nostalgie

sombre sombre, déprimant(e)

depressed déprimé(e)

drama le drame/la tension

upset contrarié(e)

intensity l'intensité (*f*)

tension la tension

optimism l'optimisme (*m*)

Key quotation

« Ils ne chantent pourtant pas très bien, mais ils chantent. »
Clément Mathieu

hope l'espoir (*m*)

happiness la joie

melodious melodieux (-euse)

harmony l'harmonie (*f*)

From then on, the music transmits a sense of **hope** and optimism. The songs sung by the children are uplifting and express the general mood of the characters and the place. Thanks to Mathieu's music, the school is filled with **happiness**; the songs are lively and **melodious**. **Harmony** reigns at Fond de l'Étang and ruthlessness seems to belong to the past now as the sun is shining and spring arrives.

'Vois sur ton chemin' and 'Caresse sur l'océan' are beautiful pieces, which express the boys' feelings of joy and happiness — they are uplifted by singing in the choir. 'Cerf-volant' translates the children's sense of freedom: the sun is shining, they are playing and they feel free, despite being at Fond de l'Étang. The children want to go and play outside, which Clément Mathieu enables them to do when he takes them on the outing to the forest.

sadness la tristesse

doomed condamné(e)

When Clément Mathieu leaves, despite the **sadness** of what is happening, the music is optimistic and so is he. Through his music, he has succeeded in creating hope for these children, who were **doomed** to be forgotten in Fond de l'Étang.

The two classical pieces of music are not insignificant. Strauss's 'Das Künstlersleben', played by the orchestra at the start of film, is about an artist's life. Moreover, the introduction of classical music and 'In memoriam', in Latin, bring another dimension to the character of Clément Mathieu, who appears to be well educated, despite being, according to Rachin, a 'mere supervisor'.

Key quotation

« Ces enfants m'inspirent. J'étais sûr, je l'savais qu'un jour viendrait où l'on jouerait ma musique. Je m'appelle Clément Mathieu. Je suis musicien. »
Clément Mathieu

elation la joie, la jubilation

'Vois sur ton chemin' ends the film as Clément Mathieu takes Pépinot with him, and the viewers are overcome by a feeling of **elation**. We feel happy for Pépinot and Clément Mathieu but also for the children who are singing. This optimistic ending shows that evil can be overcome by hope and dreams.

Music is also what creates a bond of trust between Pierre Morhange and Clément Mathieu. When Mathieu first hears Morhange sing, he is astonished by the boy's angelic voice. Later on, when Morhange sings his first solo, Mathieu's eyes light up with admiration. In the final concert, Morhange exudes confidence as he sings and this is all thanks to Mathieu.

Build critical skills

1 Regardez la scéne dans laquelle Clément Mathieu revient après son rendez-vous avec Violette. Quelles émotions ressentons-nous et pourquoi ?

TASK

2 Regardez la scène dans laquelle le Père Maxence est en train de se faire soigner. Comment est-ce que la musique nous fait ressentir de la compassion ?

Build critical skills

2 Regardez la scène dans laquelle les enfants écrivent ce qu'ils veulent faire plus tard. Quelles sont les émotions transmises par la musique ?

Le passage du temps et l'évolution des personnages

Music also subtly expresses the passage of time. The improvement in the quality of the boys' singing is proof that time has elapsed since the choir was formed. At first awkward and out of tune, the boys refine their musical skills and by the end of the film sing beautifully and harmoniously, a tribute to Clément Mathieu's teaching.

The **lyrics** of the songs also translate the **inner changes** that are taking place in the boys. For example, in 'Caresse sur l'océan', the metaphor of the bird represents the children who can spread their wings. Winter is behind them and spring and hope are in the air, and in 'Lueur d'été' summer is coming, the boys' spirits are uplifted and there is a feeling of elation. The children are happy, dreaming of a better future outside the walls of the school. The metaphor of flying is also powerful, giving the children the power to fly away from their past. Tears are wiped away and a bright future lies ahead.

Build critical skills

3 Find online the lyrics of 'Fond de l'étang', 'Vois sur ton chemin', 'La nuit' and 'Cerf-volant', and write a short commentary about what each of the songs conveys.

TASK

3 Trouvez la traduction des paroles de 'In memoriam'. Pourquoi, selon vous, cette chanson a-t-elle été choisie ?

Key quotation

« Et dans les yeux de Morhange qui suivaient si bien ma mesure, je lisais tout à coup beaucoup de choses : de la fierté, la joie d'être pardonné, mais aussi, et c'était bien nouveau pour lui, comme de la reconnaissance. »

Clément Mathieu

GRADE BOOSTER

When developing your arguments, consider whether the techniques are effective or not.

lyrics les paroles (*f*)

inner changes les changements (*m*) intérieurs

Intérieur et extérieur

Des scènes d'intérieur

to shoot tourner, filmer

The story mainly unfolds inside the walls of the boarding school, so most of the scenes in the film are **shot** within the school grounds, the classroom, the canteen or the dormitory. This reinforces the sense of imprisonment and oppression. On many occasions, we see doors and gates being locked, which also gives us the feeling of oppression, as well as hopelessness.

There are only a few scenes when the boys leave the school and when this happens, we feel a sense of freedom. When spring comes and the music has started to work wonders on the pupils and teachers, many scenes open up to the sky, for example when the children are playing outside and the sun is shining.

Les endroits sombres

dark place l'endroit (*m*) sombre

darkness l'obscurité (*f*), le noir

low lighting l'éclairage (*m*) faible

lack of light le manque/l'absence (*f*) de lumière

locked away enfermé(e)

A number of scenes are shot in **darkness** or with **low lighting**. For instance, when the children are sent to the *cachot*, the **lack of light** reinforces the gloomy and depressing atmosphere of the place. We cannot help but feel sorry for those boys who are **locked away**. Scenes like this, together with the sound track, reinforce the pathos.

Build critical skills

4 Regardez la scène dans laquelle Morhange est envoyé au cachot et identifiez ce qui renforce le pathos.

Les couleurs

uplifting exaltant(e)

Just like the music, the colours change to reflect the two distinct parts of the film. We start with a dull, cold and depressing atmosphere in the winter and finish with an **uplifting** and optimistic feeling as the summer arrives.

Les couleurs ternes et sombres

dull terne

depressing déprimant(e)

bleak morne

fog le brouillard

dismal lugubre

austere austère

bare nu(e), dépouillé(e)

At the start of the film, the colours are **dull** and **depressing**. It is winter and the atmosphere of the school is **bleak**. The **fog** gives the place a **dismal** atmosphere. Inside, once the heavy doors have been locked, there is a feeling of oppression; the place is **austere**, the walls are **bare** and the whole place looks run down. Suddenly, Rachin appears at the head of the stairs, wearing a black suit, which adds to the sombre atmosphere.

Colours also set the context of the time. The main story takes place in 1949, when France was still going through a period of postwar austerity, reflected in the dull and dark colours. The future for the children is not promising and they appear doomed to stay in Fond de l'Étang. Also, faded and bleak colours at the start of the film highlight the fact that the story is set in the past and that memories are being evoked, like looking at old photos.

Les couleurs vives et chaudes

As optimism and **joy** take over the school, the colours on the screen become warmer. The sun **shines**, the sky is blue and the school becomes a happier place. Even the children's clothes appear less dull. Mathieu has managed to change something with his music. When he leaves the school, despite the sadness of the situation, the sun is shining and he is overwhelmed by a feeling of optimism.

joy la joie

to shine briller

Build critical skills

5 Regardez la scène de la rencontre entre Rachin et Clément Mathieu et examinez les couleurs qui sont utilisées.

Key quotation

« C'est peut-être une illusion, mais pourtant même notre directeur semble gagné par le changement. »

Clément Mathieu

Les effets de caméra

Les plans rapprochés et les zooms

Long shots are often **interrupted** by zooms and **close-up shots**, which show what the characters are feeling. They invite the viewers to empathise with what the characters are experiencing, whether oppression, pain or joy.

Zooms are often used to show the expressions on Pierre and Clément Mathieu's faces. Words are not needed; their **eyes** convey what they are feeling. For instance, at the final concert, it is obvious that Pierre is proud of himself and is feeling grateful.

Close-ups are also used to **highlight** details that are crucial to the story. For instance, the close-up of the coffin at the start of the film confirms that Pierre's mother has passed away as we can see her name, and the close-ups of the photographs and magazine cuttings in Violette's home inform the viewers of Pierre's prestigious career.

to interrupt interrompre

close-up shot le gros plan

eyes les yeux (*m*), les regards (*m*)

to highlight mettre en valeur, souligner, mettre l'accent sur

TASK

4 Regardez les 5 premières minutes du film et repérez des exemples de plans rapprochés qui expriment l'émotion des personnages.

Build critical skills

6 Regardez la scène de l'incendie et montrez comment l'intensité est créée.

TASK

5 Regardez le début du film et trouvez d'autres scènes dans lesquelles le regard des personnages est puissant.

Le montage et les séquences elliptiques

long shot la séquence longue

to edit éditer, couper

to focus se concentrer sur

Very few scenes are **long shots**, which means that the director has **edited** the story so that it can cover a long period of time, focusing only on the important elements of the story.

The story unfolds over 7 months and Barratier **focuses** on the main aspects in the characters' lives during that time. The main aspect of the film is the evolution of the choir and the transformation of Pierre Morhange under Clément Mathieu's caring wing.

to skip sauter

to fast-forward avancer

The director therefore **skips** time and **fast-forwards** to cover several weeks at a time. The presence of dates throughout the film also reinforces the passage of time. One of the most representative sequences is when Clément Mathieu is training Pierre Morhange. During the time (1 min 10 s) when 'Vois sur ton chemin' is sung by the choir, we see many scenes showing Clément Mathieu and Pierre Morhange. This is called an elliptical sequence.

We must also remember that the story is told according to the personal diary that Clément Mathieu wrote while he was at the school, so he may not have recorded every single day.

TASK

6 Repérez les indices temporels dans le film.

GRADE BOOSTER

A film is a piece of art and the director wants to show something. Always pay attention to camera movement, sound and lighting, as they are used to produce a particular effect.

Key quotation

« Peu à peu, alors que ma chorale progresse, j'apprivoise mon nouvel élève. »

Clément Mathieu

Le cadrage

Framing is the way the director presents the characters and the scenery on the screen. By choosing to present them in a particular way, the director is able to highlight ideas, themes and messages. Framing can express, for instance, intimacy, fear, harmony, inclusion or isolation.

TASK

7 Trouvez une autre séquence elliptique.

Le script

Colloquialisms

colloquialism l'expression familière

colloquial language le langage familier

Colloquialisms are often used by children, and the script has a lot of **colloquial language**, which makes the boys' dialogues more realistic. When used by adults in the film, the colloquial language denotes a lack of respect towards the children. For instance, the way Chabert speaks to the children at the start of the film shows that he has no sympathy towards them. He often uses a harsh and abrupt tone of voice to speak to them, in the spirit of the 'Action-réaction' motto of the school.

Here is some of the colloquial language that is used in the film.

Langage familier	Équivalence
foutre	faire
La ferme !	Silence !/Tais-toi !
dégueulasse	dégoutant, pas juste
t'es foutu	tu vas avoir des problèmes
les gosses	les enfants
le gamin	le garçon
ça va barder	vous allez avoir des problèmes
la gueule	le visage
j'm'en fous	ça m'est égal
pisser	aller aux toilettes, uriner
des sous	l'argent
ouais	oui

On a few occasions the script goes beyond simple colloquialisms, and characters, mainly Mondain, are given a very **vulgar register**.

vulgar register le registre grossier/vulgaire

Les erreurs grammaticales

Sometimes the difference between **grammatical errors** and colloquialism is difficult to distinguish, as grammatical errors tend to be adopted as part of spoken language. However, the **omission** of *ne* in negative expressions is the most common grammatical error in the script, e.g. *y a pas* or *j'fais rien*, respectively to express *il n'y a pas* and *je ne fais rien*.

grammatical errors les erreurs grammaticales

omission l'omission (*f*)

Le vouvoiement et le tutoiement

Using *vous* shows respect, and in the film we see that the boys use *vous* when they speak to their teachers. Rachin uses *vous* as well when he addresses the children, but in this instance it does not necessarily denote respect, rather it reinforces the fact that the relationship between a teacher and a pupil is a formal one. It was and is still common practice in schools in France for teachers to call their pupils *Monsieur* or *Mademoiselle* followed by the family name.

In contrast, right from the start, Clément Mathieu mostly uses *tu* to address the pupils, breaking down the barrier between the teacher and the pupils. He shows kindness and compassion towards the boys and there is a kind of tenderness in the way he speaks to them. He believes in the children and wants to help them; he often comes across as the loving father the boys have lost.

TASK

8 Regardez la séquence du rassemblement dans la cour et écoutez ce que disent Boniface et Chabert. Repérez le langage familier.

Build critical skills

7 Clément Mathieu vouvoie les enfants de temps en temps. Pourquoi, à votre avis ?

Les silences

silence le silence

In *Les choristes*, **silences** are as powerful as words. In many scenes, we infer what the characters are feeling from their facial expressions. Whether through these silences they are expressing admiration, tension or sadness, these moments add to the overall pathos of the film.

It is interesting to note that despite being the main character of the film, Pierre Morhange, as a young boy, has a limited number of lines. He does not need words — he conveys exactly what he is feeling through his silences and the way he looks at people.

GRADE BOOSTER

Always use technical terms when you refer to the techniques, and always identify the effects on the viewers and the plot.

Techniques

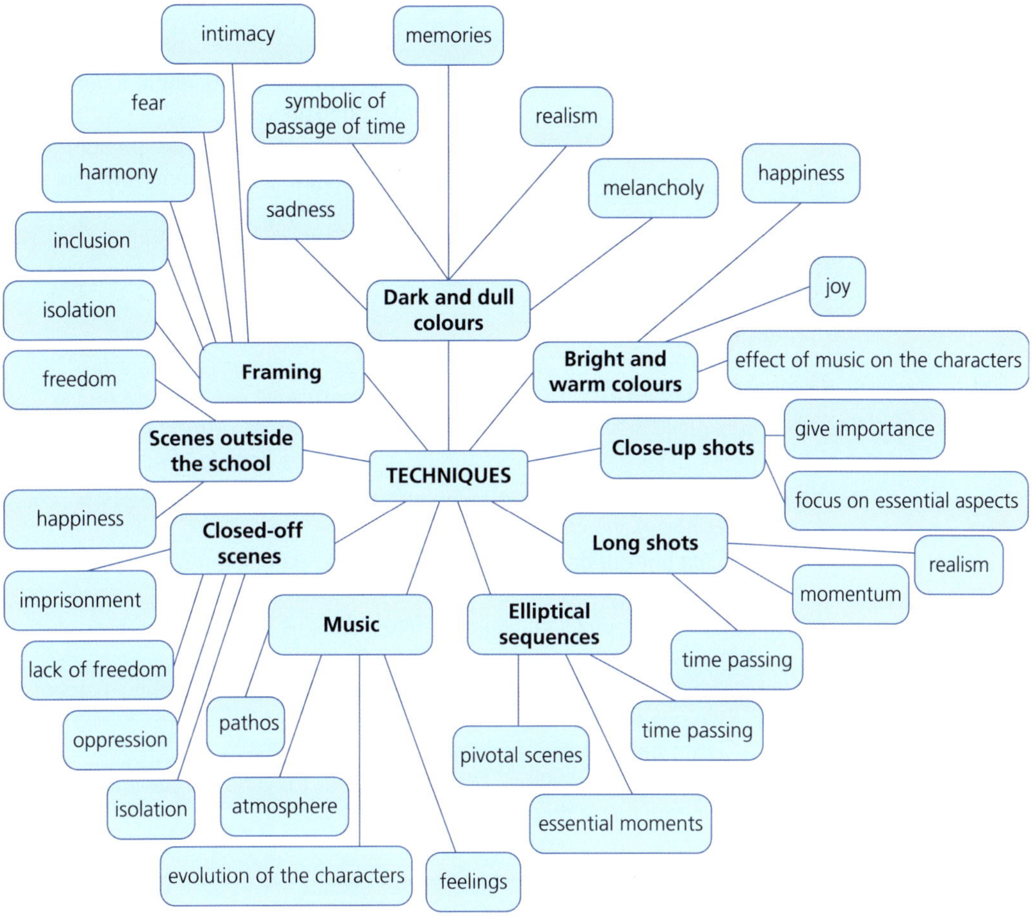
TECHNIQUES
Framing
intimacy
fear
harmony
inclusion
isolation
freedom
Dark and dull colours
memories
symbolic of passage of time
realism
sadness
melancholy
Bright and warm colours
happiness
joy
effect of music on the characters
Close-up shots
give importance
focus on essential aspects
Long shots
realism
momentum
time passing
Elliptical sequences
time passing
pivotal scenes
essential moments
Music
pathos
atmosphere
evolution of the characters
feelings
Closed-off scenes
imprisonment
lack of freedom
oppression
isolation
Scenes outside the school
happiness

Activités

1 Reliez les termes de techniques cinématographiques aux définitions.

1 le gros plan	a C'est quand une voix raconte l'histoire.
2 les séquences longues	b C'est la façon dont la lumière est utilisée.
3 la bande sonore	c Ce sont des scènes qui durent longtemps et qui ne sont pas coupées.
4 le regard	d C'est quand la caméra se concentre de très près sur un détail.
5 l'éclairage	e C'est la façon dont les personnages regardent les autres.
6 la voix off	f Ce sont les différents sons utilisés dans le film.

2 Maintenant utilisez les termes techniques de l'activité 1 pour remplir les phrases ci-dessous

1 .... est porteur de messages dans ce film ; il nous fait ressentir la mélancolie des personnages.
2 .... sont très puissants dans ce film puisqu'ils nous invitent à comprendre et vivre les émotions des personnages.
3 .... sont utilisées à bon escient pour nous faire vivre certains moments de la vie des enfants.
4 .... informe les téléspectateurs.
5 Le metteur en scène a recours au .... pour transmettre des émotions sans avoir à utiliser des mots.
6 Dans ce film, ... est très efficace.

3 Quelles techniques sont utilisées dans les scènes suivantes ? Écrivez les techniques en français.

1 L'arrivée de Clément Mathieu dans l'école, accompagné du Père Maxence.
2 Clément Mathieu découvre que sa musique a été volée.
3 La première rencontre entre Clément Mathieu et Violette Morhange.
4 La chanson de Mondain.
5 Pierre Morhange quand il regarde le reste de la classe derrière la porte.
6 Quand les enfants chantent « Calme sur l'océan ».

4 Regardez l'exemple ci-dessous et écrivez des phrases similaires. Il faut utiliser la structure « en » + participe présent.

Exemple : utiliser un gros plan — des détails importants → ***En utilisant*** *un gros plan, Barratier montre des détails importants.*

1 utiliser des séquences elliptiques — le passage du temps
2 avoir recours aux couleurs ternes — la mélancolie
3 choisir un langage familier — rendre la réalité de l'enfance

4 inclure de la musique — susciter des émotions
5 insister sur les visages — souligner les émotions des personnages
6 tourner le film principalement dans l'école — mettre l'accent sur le sentiment d'enfermement

5 Répondez aux questions suivantes en français. Utilisez les débuts de phrases qui sont donnés.

1 Pourquoi est-ce que Barratier a utilisé des couleurs moins ternes dans la deuxième partie du film ?
Barratier a utilisé des couleurs moins ternes pour...

2 Pourquoi est-ce que les séquences elliptiques sont efficaces du point de vue narratif ?
Les séquences elliptiques sont efficaces parce qu'elles renforcent l'idée de...

3 En quoi les gros plans sont-ils très efficaces ?
Les gros plans sont efficaces ...

4 Quelle technique est-ce que Barratier utilise pour raconter des évènements antérieurs à l'action ?
Barratier a recours...

5 Comment est-ce que Barratier symbolise l'évolution des enfants ?
Barratier symbolise l'évolution des enfants grâce...

Le vocabulaire

le cadrage framing
le choix de choice of/to
le décor set
dedans/à l'intérieur inside/indoors
dehors/à l'extérieur outdoors
l'éclairage (*m*) lighting
l'endroit (*m*) place, location
enfermé(**e**) enclosed
filmer to shoot
la gravité seriousness
la grisaille gloominess
le gros plan close-up (shot)
le lieu de tournage location
le lieu place, location
la mélancolie melancholy
le montage editing
le mouvement de caméra camera movement
l'obscurité (*f*) obscurity
le/la réalisateur (**-trice**) director
le regard eyes/look
la séquence shot
tourner un film to shoot a film
le plan shot
le plan d'ensemble long shot
le zoom zoom

7 Exam advice

Planifier votre dissertation

Planning is an important part of your examination time. As a rough guide, you should spend about 10 minutes planning your essay, 50 minutes writing it and 5 minutes checking it.

A well-planned essay makes points clearly and logically so that the examiner can follow your argument. This is why it is essential to take time to devise a plan before you start writing. This avoids a rambling account or retelling the story of the work you are writing about. The following points may help you to plan your essay well:

- Read the essay question carefully. Make sure you have understood what you are being asked to do rather than focusing on the general topic.
- From the outset, it is sensible to plan your essay in the target language. This will prevent you writing ideas that you are not able to express in the target language.
- Focus on the key words. For example, you may be asked to analyse, evaluate, explore, explain. Look for important key words such as *examinez, analysez, jusqu'à quel point…*
- Select the main point you want to make in your essay and then break this down into sub-sections. Choose relevant information only. Avoid writing an all-inclusive account that occasionally touches on the essay title.
- Decide on the order of the main ideas that will become separate paragraphs. Note down linking words or phrases you can use between paragraphs to make your essay flow as a coherent and logical argument.
- Select one or two relevant and concise pieces of evidence that you can use to illustrate the points you make.
- Think about the word count for the essay. The examination boards suggest the following word counts:

	AS	A-level
AQA	Approximately 250 words	Approximately 300 words
Edexcel	275–300 words	300–350 words
WJEC	Approximately 300 words	Approximately 400 words
Eduqas	Approximately 250 words	Approximately 300 words

- Consider how many words to allocate to each section of your essay. Make sure that you give more words to main points rather than wasting valuable words on minor details.
- Finally, consider how to introduce and conclude your essay, ensuring that you have answered the question set.

A well-planned essay will have an overall broad structure as follows:

- **Introduction**: you should identify the topic without rewriting the essay title. You should state your position on the issue.
- **Body of the essay**: in several paragraphs you should give evidence to support a number of main points.
- **Conclusion**: here you should summarise your ideas and make a final evaluative judgement without introducing new ideas.

Écrire votre dissertation

Méthodes

Now you have to put flesh on the bones of the plan that you have drafted by writing a structured response to the essay question.

- Remember that you are writing for a person who is reading your essay: the content should interest your reader and you should communicate your meaning with clarity and coherence.
- It is important to be rigorous in sticking to your plan and not to get side-tracked into developing an argument or making a point that is not relevant to the specific essay question. Relevance is always a key criterion in the examination mark schemes for essays, so make sure that you keep your focus throughout on the exact terms of the question. Don't be tempted to write all that you know about the work; a 'scattergun approach' is unproductive and gives the impression that you do not understand the essay title and are hoping that some of your answer 'sticks'.
- It is important to think on your feet when writing an examination essay. If you produce a pre-learnt essay in an examination, in the hope that that will fit the title, you will earn little credit, since such essays tend not to match what is required by the title and give the impression that you do not understand the question.
- If you are completing an AS examination, the question might require you, for example, to examine a character or explain the theme of the work. You will also have a list of bullet points to help you focus on the question. Make sure that you engage with these guidance points, but be aware that they do not in themselves give you a structure for the essay. At A-level, you will normally have a statement requiring you to analyse or evaluate an aspect of the work.
- Since examination essays always have a suggested word limit, it is important to answer as concisely as you can. It should always be possible to write a meaningful essay within the allocated number of words.

La structure

1 L'introduction

The introduction gives you the opportunity to show your understanding of the work. It should be a single paragraph which responds concisely to the essay question. In a few sentences you should explain to your reader what you understand the question to mean, identify issues it raises and say how you are going to tackle them. Avoid statements in the target language that equate to 'I am now going to demonstrate…' or 'This essay is about…'.

2 Le développement

- This part will be divided into a number of interconnected paragraphs, each of which will pick up and develop the points raised in your introduction.
- Each paragraph should be introduced with a sentence stating what the paragraph is about.
- Make sure you follow a clear pathway through your paragraphs, leading to your conclusion. This requires skills of organisation, in order to ensure the smooth development of your argument. You should move from one facet of your argument to the next, linking them conceptually by, for example, contrast or comparison.
- Each paragraph will have an internal logic, whereby you examine a separate point, making your argument and supporting it with examples and quotations. For example, your essay title might lead you to examine the pros and cons of a statement, with the argument finely balanced. In this case you can dedicate one paragraph to discussing the pros in detail, another to the cons and a third to giving your decision on which view is the more persuasive and why.

3 La conclusion

Read through what you have written and then write your conclusion. This should summarise your argument succinctly, referring back to the points you raised in your introduction. If you have planned your essay well, there should be no need to do anything other than show that you have achieved what you set out to do. Do not introduce new ideas or information.

La langue

- Linkage of the paragraphs is both conceptual, i.e. through the development of connected ideas in the body of the essay, and linguistic, i.e. through expressions which link paragraphs, sentences and clauses. These expressions are called connectives and they work in various ways, for example, through:
  - contrast — *au contraire, d'un autre côté, cependant…*
  - explanation — *ceci explique, cela montre…*
  - cause/result — *pour cette raison, donc, ainsi…*

  - additional information — *de plus, en outre, également, qui plus est…*
  - ordering points — *d'abord, en premier lieu, deuxièmement, puis, ensuite, enfin…*
- When writing your essay, a degree of formality is necessary in your style. Be attentive to the register you use, especially the differences between written and spoken language. Avoid colloquial language and abbreviations unless you are quoting colloquial language from the work.
- It is important to learn key quotations from the work and to introduce them in order to support aspects of your argument. When quoting, however, be careful not to make the quotation a substitute for your argument. Quotations should illustrate your point aptly and not be overlong. Resist the temptation to include quotations that you have learnt if they are not relevant to the essay question.
- In a foreign-language examination, accurate language is always an assessment factor. Review your finished essay carefully for errors of grammar, punctuation and spelling. Especially check verb endings, tenses and moods, and adjective agreements. You should employ a good range of vocabulary and include terminology related to film or literature (e.g. *les thèmes, les personnages, la trame, le dénouement, les scènes, la séquence*).

For a list of useful connectives and film-related vocabulary, see pp. 79–81.

Petits exercices de composition

1 Utiliser des exemples pertinemment. Reliez les thèmes et les exemples, puis faites des phrases avec les expressions données ci-dessous:

Le(s) meilleur(s) exemple(s) de/Un exemple de/L'/Les exemple(s) le(s) plus évident(s) de… est/sont sans aucun doute/bien sûr/pour moi/selon moi quand… .

1 Pierre jette de l'encre sur la tête de Clément Mathieu.
2 M. Rachin frappe Mondain.
3 Les élèves sont heureux de jouer dehors.
4 Clément Mathieu donne une deuxième chance à Le Querrec.

a l'effet positif de la musique
b la colère de Pierre Morhange
c l'autorité de M. Rachin
d la bonté de Clément Mathieu

2 Organiser ses idées. Reliez les parties de phrase pour former des phrases complètes. Écrivez les phrases en entier.

1 Il faut aussi noter que les techniques cinématographiques…
2 Qui plus est, il faut prendre en compte l'importance…
3 Pour commencer, il faut noter qu'un des thèmes…
4 De plus, une autre facette du personnage de Chabert…
5 En outre, le style du film se distingue par…
6 Également, il ne faut pas oublier…

a l'importance donnée à la musique.
b des personnages secondaires, comme le Père Maxence.
c sont très efficaces.
d qu'il faut considérer est celui d'une personne détendue.
e les plus importants est celui de l'autorité.
f les références à la vie d'après-guerre.

3 Former un argument efficace. Utilisez les phrases de l'activité 2 et développez les idées en utilisant un mot ou une locution qui convient de l'encadré.

en effet	puisque	parce que

Exemple : 1c 3 : Il faut aussi noter que les techniques cinématographiques sont très efficaces ***puisqu'****elles montrent les changements chez les personnages.*

1 le film se passe dans un internat de garçons dirigé par M. Rachin, un homme très strict
2 certains enfants de l'internat ont perdu leurs parents pendant la guerre
3 elles montrent les changements chez les personnages

4 de nombreuses scènes montrent l'influence de la musique sur les personnages
5 il a un impact positif sur les enfants
6 petit à petit, il rejette l'autorité de M. Rachin

GRADE BOOSTER

It is important that you use evidence from the film to support your argument.

4 Former un argument efficace. Voici un exemple d'un paragraphe. Changez les détails entre parenthèses en fonction des thèmes donnés pour créer de nouveaux paragraphes.

Exemple : Un des thèmes importants est [l'autorité]. En effet, le film comprend de nombreuses scènes dans lesquelles nous découvrons [les techniques odieuses et autoritaires de M. Rachin], comme par exemple quand [il envoie Pierre au cachot ou frappe Mondain].

1 la musique
2 l'éducation
3 la nature humaine

5 Planifier avant d'écrire. Pour chaque idée ci-dessous, trouvez un exemple concret du film. Puis, écrivez des paragraphes en vous servant du vocabulaire des pages 79–81.

Question : Examinez le rôle de la musique dans *Les choristes*.

Idées	Un exemple du film	Analyse
La musique provoque des émotions.	comme… quand… par exemple…	On comprend alors que… Cela nous montre que…
La musique peut défier le mal.		
La musique peut changer les personnes.		

GRADE BOOSTER

When you plan your work, start with simple ideas that you can then expand on. Make sure that you support your points with examples from the film.

Vocabulaire utile pour composer une dissertation

Introduction

Le film parle de... The film is about...

Au début de l'histoire/du film... At the beginning of the story/ film...

J'ai ici l'intention de... In this essay I intend to...

Pour commencer/Tout d'abord/Premièrement... To start with/ First of all...

Mots utiles

l'acteur/ l'actrice actor/actress

l'action (*f*) action

la comédie comedy

le contexte historique historical background

le drame tragedy

l'éclairage (*m*) lighting

le genre genre

l'intrigue (*f*) plot

le lieu place (where something takes place)

le montage cut, editing

le mouvement de la caméra camera movement

le passage passage

le personnage (principal) (main) character

le plan shot

le/la réalisateur (-trice) director

L'histoire se passe à... The story takes place in...

le rôle (principal) (main) role/part

le scénario screenplay

le/la scénariste screenplay writer

la scène scene

le/la spectateur (-trice) viewer

le thème (principal) (main) theme

tourner un film to make a film

la tragicomédie tragicomedy

Opinions

Je suis de l'avis que/Je suis convaincu(e) que... I am of the opinion that/I am convinced that...

Mon opinion sur ce sujet est que... In my opinion...

À mon avis/Selon moi/Pour moi In my opinion

Exemples

Un exemple typique/important/Un autre exemple est... A typical/ An important example/A further example is...

L'exemple le plus intéressant est peut-être... The most interesting example is perhaps...

Cet exemple/Cette séquence illustre/démontre que... This example/This scene illustrates/demonstrates that...

Cet exemple/Cette séquence montre clairement... This example/ This scene shows clearly...

Comparaisons

au contraire/par contre on the contrary

d'un côté... d'un autre (côté)... on the one hand... on the other hand

par opposition à in contrast to

si l'on compare ...(cela) avec in comparison with

L'interprétation

Ceci peut/pourrait être interpreté comme... This could be interpreted as...

En prenant compte de... Taking into consideration...

Pour faire référence à... With reference to...

On peut/pourrait aussi mentionner... One can/could also mention...

De diverses manières In many respects/ways

surtout especially, above all

Plus précisément/De manière plus précise... More precisely...

De plus/En outre... Furthermore/In addition...

La raison qui explique ceci est... The reason for this is...

Pour cette raison, on peut dire que... For this reason, one can say that...

Pour résumer

sans aucun doute without doubt

Comme je vois les choses, ... As I see it, ...

Personnellement, je suis convaincu(e) du fait que... Personally, I am convinced that...

Il est impossible de nier/douter que... It can't be denied/doubted that...

Dans l'ensemble... On the whole...

En général In general

En fait Basically

En conclusion/Pour finir/Pour conclure, on peut dire que... Finally/In conclusion, it can be said that/one can say that...

En résumé... Put briefly/In a few words/in summary...

Il apparait donc que... It therefore appears that...

À la fin du film... At the end of the film...

J'ai l'impression que... I have the impression that...

8 Sample essays

Although a mark is awarded in the examination for use of language (AO3), all the example essays used here are grammatically accurate and the examiner comments focus on the students' ability to respond critically and analytically to the question (AO4).

AS essays

Question 1

Examinez la façon dont « la voix off » est utilisée dans *Les choristes*. Vous pouvez considérer les points suivants :

- le « journal intime » de Clément Mathieu
- le point de vue de Clément Mathieu
- pour raconter des évènements qui ne sont pas dans le film
- la voix de Pierre Morhange, adulte

Étudiant A

Les choristes raconte l'impact profond qu'un surveillant, Clément Mathieu, passionné de musique, a sur les élèves d'un internat pour enfants difficiles. D'un point de vue cinématographique, le film est assez simple mais la « voix off » utilisée est importante. Analysons donc la façon dont elle est utilisée.

D'abord, la voix off est utilisée pour montrer que l'histoire est celle de Clément Mathieu et que nous écoutons ce qu'il a écrit dans son journal intime. En effet, quand Pépinot, adulte, vient rendre visite à Pierre Morhange, il a avec lui le journal intime de Clément Mathieu, qu'il a écrit pendant les mois qu'il a passés à Fond de l'Étang. Donc, la voix off est très importante pour rendre l'histoire de Clément Mathieu et son journal intime plus vivants.

De plus, grâce à la voix off, nous comprenons que l'histoire est racontée du point de vue de Clément Mathieu. Tout au long du film, nous suivons l'histoire de Fond de l'Étang grâce aux pensées de Clément Mathieu, comme par exemple quand il écrit ce qu'il pense des enfants, de Pierre Morhange et de Rachin ! Nous avons alors une compréhension plus intime de l'histoire puisque Clément Mathieu partage ses sentiments.

La voix off est également utilisée pour raconter des évènements qui ne sont pas présents dans le film mais qui sont essentiels à l'histoire. En effet, grâce à la voix off de Clément Mathieu, nous apprenons des détails personnels sur Violette Morhange et les raisons pour lesquelles Pierre est à Fond de l'Étang. Donc la voix off est cruciale d'un point de vue narratif pour donner des détails importants.

Enfin, la voix off est aussi utilisée avec la voix de Pierre Morhange adulte, à la fin du film. Celui-ci se termine avec les pensées de Pierre, qui, lui aussi, fait part d'évènements qui ne sont pas présentés dans l'histoire, mais qui se sont passés après le départ de Clément Mathieu, comme ce qui est arrivé à Violette, Pierre et Rachin. Cela change alors le point de vue narratif puisque Pierre Morhange raconte l'histoire.

Pour conclure, nous pouvons dire que la voix off est très importante d'un point de vue narratif puisque nous comprenons mieux l'histoire et nous nous sentons plus proches de Clément Mathieu et Pierre Morhange.

(376 mots)

Commentaires du correcteur

- This student has covered the bullet points equally and has thought carefully about the structure of the essay with an introduction, four paragraphs and a conclusion.
- Each paragraph is self-contained, relating to the bullets given and supported by pertinent and well-selected evidence from the film.
- The student explains each point well, which provides an effective development for each bullet point.
- The paragraphs are linked together, making the essay flow well.
- Throughout the essay, the student makes perceptive comments.
- The introduction and the conclusion are relatively short, which enables the student to develop the argument well.
- The language is specific and the essay contains a range of grammatical structures and a good number of technical phrases.
- Overall, the focus of the essay question is maintained throughout.

Étudiant B

Les choristes raconte l'histoire de Clément Mathieu et la chorale qu'il forme dans un internat pour enfants difficiles. Les personnages principaux sont Clément Mathieu et Pierre Morhange, qui est un chanteur doué. L'histoire se passe en 1949 en France après la guerre. Dans le film, il y a beaucoup de techniques et ici je vais parler de la voix off, qui est utilisée de plusieurs façons, comme le journal intime, le point de vue de Clément Mathieu et pour raconter des évènements qui ne sont pas dans l'histoire. La voix off est très importante dans l'histoire.

La voix off est utilisée pour raconter l'histoire avec le journal intime de Clément Mathieu. Quand Pépinot et Pierre commencent l'histoire, ils lisent le journal de Clément Mathieu. Pépinot a le journal de Clément Mathieu car quand Clément Mathieu quitte Fond de l'Étang il adopte Pépinot, alors c'est normal que Pépinot a le journal de « son père ». Aussi, comme c'est le journal intime de Clément Mathieu, c'est le point de vue de Clément Mathieu. La voix off raconte les sentiments de Clément Mathieu.

La voix off est utilisée pour des évènements qui ne sont pas dans l'histoire, comme pourquoi Pierre est à Fond de l'Étang. Pierre Morhange est à Fond de l'Étang car il était un enfant malpoli et voleur. En plus, il a fugué. Sa mère, Violette, est célibataire et doit travailler. Elle ne voulait pas que Pierre soit à Fond de l'Étang. On apprend ça avec la voix off.

Pour finir, il y a aussi la voix off de Pierre Morhange à la fin qui raconte que Pierre est parti avec sa mère et que Langlois et Chabert ont dénoncé les règles très strictes de Rachin. On apprend ça avec la voix off de Pierre Morhange. C'est un autre point de vue.

En conclusion, la voix off est importante dans le film.

(312 mots)

Commentaires du correcteur

- Owing to a lack of careful planning, the paragraphs are not addressed equally. The introduction is too long compared with some of the other paragraphs.

- There are some glimpses of analysis in this essay, but the essay reads more like a list of examples.
- The language is not used effectively to shape the essay.
- Overall, the candidate knows the film well but loses focus by introducing irrelevant ideas and examples.
- The language is rather simple and repetitive.

Question 2

Examinez le personnage de Pascal Mondain dans *Les choristes*. Vous pouvez considérer les points suivants :

- un personnage odieux
- le perturbateur
- la représentation du « mal » contre le « bien » (Clément Mathieu)

Étudiant A

Les choristes est un film qui donne une bouffée d'optimisme, en particulier grâce à ses deux personnages principaux, Clément Mathieu et Pierre Morhange, et à sa musique. Malheureusement, l'arrivée de Pascal Mondain va perturber l'atmosphère de l'histoire. Analysons donc le personnage de Pascal Mondain.

Tout d'abord, dès son arrivée, il est clair que Pascal Mondain va poser des problèmes. Amené par un psychiatre, il est décrit comme un pervers et un mythomane. Pascal Mondain aime les provocations et ne va pas manquer d'affirmer sa personnalité pendant sa première rencontre avec Clément Mathieu. Mondain refuse aussi de se soumettre à l'autorité de l'établissement. Son physique, sa façon de parler et son comportement renforcent sa personnalité antipathique.

De plus, on se rend vite compte que Mondain a une mauvaise influence sur les autres élèves et commence à ébranler l'harmonie que Clément Mathieu vient de créer parmi les élèves. En effet, Mondain provoque Pierre Morhange en insultant sa mère, par exemple. Aussi, il tente de persuader certains élèves que Mathieu est un homme dont il faut se méfier et il instaure sa tyrannie en harcelant ses camarades, comme quand il demande à Pépinot de payer pour aller dormir.

Enfin, on peut voir dans le personnage de Mondain la représentation du mal qui s'oppose au bien, représenté par Clément Mathieu. En effet, dans Les choristes, il y a une certaine dimension manichéenne, une opposition entre le bien et le mal. D'abord avec Rachin, puis avec Mondain. Il n'est pas anodin que les scènes avec Mondain sont souvent présentées avec une musique menaçante. « Le mal » culmine avec l'incendie. On pourrait même dire que le personnage de Pascal Mondain renforce l'humanisme et la bonté de Clément Mathieu.

Pour conclure, on pourrait dire que, bien que Pascal Mondain soit considéré comme un personnage secondaire, son rôle n'est pas sans importance puisqu'il a un impact sur l'histoire et renforce certains thèmes du film.

(317 mots)

Commentaires du correcteur

- This is a well-balanced essay, with each bullet point being addressed equally.
- The focus of the essay question is maintained throughout and each paragraph is well developed, with pertinent evidence from the film.
- The candidate has selected the examples well, demonstrating a detailed understanding of the character.
- There is evidence of perceptive understanding throughout the essay.
- The paragraphs are linked together, making the essay flow well.
- The language is specific and the essay contains a range of grammatical structures.

Étudiant B

Les choristes est un film que j'aime beaucoup car il y a beaucoup d'espoir et les personnages principaux, Clément Mathieu et Pierre Morhange, sont bouleversants. Malheureusement, dans le film, il y a aussi des personnages qui sont méchants, comme Rachin et Pascal Mondain. Ici, je vais parler de Pascal Mondain.

Pascal Mondain est odieux et il pose des problèmes. Le docteur décrit Mondain comme un pervers et un mythomane. Quand il arrive, Pascal Mondain provoque Clément Mathieu. Il chante une chanson vulgaire et il fume. Aussi, il n'est pas gentil avec les autres enfants et il va au cachot.

Pascal Mondain est un perturbateur car il change l'ambiance de l'école. Pascal Mondain a une mauvaise influence sur les enfants, par exemple, la nuit il est dans la cuisine avec Corbin et il critique Clément Mathieu. Il est aussi méchant avec Pierre car il insulte sa mère et il demande à Pépinot de l'argent pour aller dans le dortoir. Pépinot ne peut pas aller dormir. Alors Pascal Mondain perturbe les enfants.

Pascal Mondain est la représentation du mal contre le bien. Le bien c'est Clément Mathieu et le mal Pascal Mondain. Pascal Mondain s'oppose toujours à Clément Mathieu, qui est toujours bon et généreux. Il est très humaniste, mais Pascal Mondain est méchant. Alors ils sont en constante opposition, surtout dans les scènes avec des gros plans sur les deux visages.

Pour conclure, Pascal Mondain n'est pas un personnage sympa, mais il est très important dans l'histoire. Moi, je n'aime pas Pascal Mondain, mais je comprends pourquoi il est méchant car la société le conditionne et le catégorise. C'est malheureux.

(269 mots)

Commentaires du correcteur

- This candidate shows a good knowledge of the film.
- The bullet points are addressed and the candidate maintains focus on the essay question.
- The structure is clear with an introduction and a conclusion.
- The essay does not flow well — it is more like three answers to three bullet points.
- There is some analysis and some conclusive remarks are made but the evidence is not always exploited well.
- The responses to bullet points 1 and 2 of the question are too descriptive.
- The language is rather simple.

A-level essays

Question 1

Analysez les raisons de l'évolution des enfants dans *Les choristes*.

Étudiant A

Les choristes se passe en 1949 et raconte l'histoire de Clément Mathieu, un passionné de musique qui trouve un poste de surveillant dans une école pour enfants difficiles. Grâce à son amour pour la musique et son immense humanité, Clément Mathieu a un impact profond sur les enfants. Examinons les raisons de l'évolution de ces enfants.

D'abord, il faut dire que les raisons de la transformation des enfants sont très étroitement liées, mais pour moi la première raison du changement des enfants est que Clément Mathieu croit en eux. En effet, dès son arrivée, le « nouveau pion » adopte une attitude envers les enfants totalement opposée à celle de Rachin et des autres professeurs. Clément Mathieu respecte les enfants, leur montrant qu'ils peuvent réussir dans la vie, contrairement à Rachin qui pense que ces enfants sont « des bons à rien ». Comme Clément Mathieu croit en eux, cela leur donne des ailes et ils le respectent pour cela, se laissant alors guider par ce maitre de chorale qui leur transmet son amour pour la musique.

Deuxièmement, et allant de pair avec le point précédent, les enfants se transforment puisque, grâce à Clément Mathieu et à sa chorale, ils prennent confiance en eux, ce que les adultes à Fond de l'Étang leur avaient enlevé. Les enfants sont fiers de ce qu'ils font avec la chorale et prennent du plaisir à chanter, comme le montre leur attitude pendant les répétitions le soir ou lors du concert final. Cette fierté et le sentiment d'appartenir à un groupe les aident à se métamorphoser.

Enfin, la musique de Clément Mathieu transforme l'établissement avec une vague d'optimisme et de bonheur. En effet, les enfants sont méconnaissables : ils jouent ensemble dans la cour, ils rient et leur comportement montre qu'ils sont heureux. Les enfants se rebellent moins et font moins de bêtises. Rachin s'ennuie, il n'a plus rien à faire ! Bien sûr, une des transformations les plus remarquables est celle de Pierre Morhange, qui, au début, est un enfant rebelle et désinvolte, mais à la fin est reconnaissant et heureux de vivre.

Pour conclure, il n'y a aucun doute que Clément Mathieu et sa musique métamorphosent les enfants. La musique est comme une libération pour eux et Clément Mathieu est leur sauveur, leur montrant qu'il ne faut jamais dire jamais et que tout est possible.

(392 mots)

Commentaires du correcteur

- This essay is well constructed with an introduction, a logical development and a conclusion.
- The points made are organised logically and the essay flows well.
- The response is detailed and relevant throughout, and all the evidence is appropriately selected.
- The candidate shows an excellent understanding of the work and is able to make conclusive remarks.
- The points made are varied and offer different reasons as to why the children change throughout the film.
- Some of the points are highly perceptive and demonstrate a deep understanding of the film and the characters.
- This candidate uses a range of technical phrases to enhance the essay and uses technical terms confidently.
- Sentences are generally complex, with the use of subordinate clauses.
- The language is rich and complex grammatical structures are used.

Étudiant B

Les choristes raconte l'histoire de Clément Mathieu, qui trouve un poste de pion dans une école pour enfants difficiles. Le film est sorti en 2004 et a été un vrai succès en France grâce à ses personnages mais aussi à la musique du film qui est fantastique. Les enfants changent beaucoup dans le film quand Clément Mathieu arrive dans l'école car il forme une chorale. Clément Mathieu a un impact immense sur les enfants.

Premièrement, après l'arrivée de Clément Mathieu, les enfants sont heureux et ça fait plaisir de les voir heureux. Les enfants jouent ensemble dans la cour, ils jouent « aux indiens et aux cowboys », ils font des avions en papier et ils ne sont plus méchants. Avant la chorale, les enfants étaient souvent au cachot, faisaient beaucoup de bêtises et les professeurs étaient méchants. L'école était une école triste et monotone avec des règles strictes, comme la fameuse règle de « Action-réaction » et beaucoup d'élèves étaient difficiles. Les enfants ne voulaient pas être à Fond de l'Étang. Comme maintenant ils sont heureux, ils ont changé.

Aussi, quand Clément Mathieu arrive, il change la discipline de l'école car il est plus humain avec les enfants. Au lieu d'être un tyran avec les enfants comme Rachin, il est plus humain et cela aide les enfants à changer. Quand Clément Mathieu découvre que Le Querrec est responsable de l'accident avec le Père Maxence, Clément Mathieu dit qu'il doit aider le Père Maxence. Le Querrec est très surpris et aide le Père Maxence dans l'infirmerie. Le Querrec s'inquiète quand le Père Maxence va à l'hôpital. Donc, comme Clément Mathieu est plus humain, les enfants changent.

Pour finir, il est clair que la chorale de Clément Mathieu a changé les enfants et les professeurs aussi. Chabert est plus sympa et Langlois plus jovial. Pierre Morhange est le garçon qui change le plus. Au début, il fait beaucoup de bêtises, il est malpoli et n'est pas gentil avec sa mère et Clément Mathieu, mais à la fin Pierre Morhange a vraiment changé et il devient un artiste. J'ai beaucoup aimé le film car l'histoire donne de l'espoir.

(356 mots)

Commentaires du correcteur

- This essay is well structured with an introduction, a body and a conclusion. However, the conclusion is too long and it is overly descriptive.
- There is evidence of some analysis where the candidate has made conclusive remarks.
- The candidate shows good knowledge of the film but should have used this knowledge to create a more analytical response. At times, relevant evidence is presented but no conclusive remarks are made.
- The argument tends to lose focus and the essay is sometimes too descriptive, leaving readers to draw the conclusions for themselves.
- The first paragraph does not really explain why the boys are happy now.
- Student B uses rather simple sentences and language compared with Student A.

Question 2

« Clément Mathieu, musicien raté ». Jusqu'à quel point peut-on considérer que Clément est un musicien raté ?

Étudiant A

Dans le film, Clément Mathieu se définit à plusieurs reprises comme un musicien raté. Mais est-il vraiment un musicien raté ? Dans un premier temps, nous analyserons les raisons pour lesquelles il peut être considéré comme un musicien raté, puis dans un deuxième temps, nous nous pencherons sur les raisons pour lesquelles nous pouvons dire qu'il est un musicien réussi !

Tout d'abord, il est vrai que dès que nous faisons la connaissance de Clément Mathieu il apparait comme un « musicien raté », un musicien qui n'a pas réussi sa carrière. Il est en effet au chômage et il accepte un poste de surveillant à Fond de l'Étang, travail qui est loin de sa formation de professeur de musique. De plus, on comprend qu'il a abandonné l'idée d'écrire de la musique. Donc, de ce point de vue, nous pouvons dire qu'aux yeux de la société, il est un « musicien raté » puisqu'il n'est pas célèbre.

Or, si nous analysons ce que Clément Mathieu accomplit à Fond de l'Étang, notre perception change. Effectivement, il forme une chorale, apprend aux enfants le solfège et compose même des chansons pour eux. De nombreux aspects dans le film montrent que, bien que Clément Mathieu se considère en tant que musicien raté, il réussit tout de même à enseigner la musique à un groupe d'enfants qui, de prime abord, étaient loin d'être passionnés par cet art. De plus, Pierre Morhange est l'exemple le plus concret de la réussite de Clément Mathieu en tant que musicien. Sans Clément Mathieu, Pierre n'aurait sans doute jamais pu devenir l'artiste accompli que nous voyons au début du film.

Finalement, Clément Mathieu, « musicien raté » ? Loin de là, surtout quand nous considérons ce qu'il accomplit vraiment. Bien plus que de former une chorale, Clément Mathieu réussit à transmettre sa passion pour la musique. Les élèves se métamorphosent grâce à elle, Langlois retrouve sa passion et bien sûr, Pierre découvre son talent. Tout cela montre que Clément est loin d'être un « musicien raté » puisqu'il transmet l'essence même de la condition pour être musicien : l'amour de la musique.

Pour conclure, on pourrait vite être tenté d'affirmer que Clément Mathieu est un musicien raté puisqu'il n'est pas célèbre et aux yeux de la société il est catégorisé en tant que « raté ». Cependant, quand nous considérons son impact sur les enfants, nous pouvons absolument dire que l'absence de renommée n'est pas synonyme d'échec.

(408 mots)

Commentaires du correcteur

- This essay reads well and its structure is effective and logical, with the two sides of the argument being considered. The candidate has really considered the meaning of *jusqu'à quel point*.
- The essay has an introduction, fairly equal paragraphs and a conclusion.
- The points made are all relevant to the title and are presented in a logical fashion.
- Each paragraph focuses on one main idea and the candidate has used his/her knowledge of the film well to support the argument, concluding each paragraph with a sentence that takes the reader back to the essay question.
- The essay is not at all descriptive; it uses the evidence effectively and it is quite clear that the candidate has thought out and planned the essay carefully.
- The conclusion shows a perceptive understanding of the film and of the essay question.
- Both the introduction and the conclusion are to the point, which enables the candidate to develop the body of the essay well.
- The language used is rich and the candidate uses it well to make the essay flow.
- The sentences are mostly complex, and complex language is used throughout.

Étudiant B

Dans le film, Clément Mathieu est le chef de la chorale qu'il a formée à Fond de l'Étang mais, en fait, il est le nouveau surveillant. Clément Mathieu dit souvent qu'il est un musicien raté. Donc, nous allons analyser les raisons pour lesquelles il est un musicien raté.

Tout d'abord, il est vrai que Clément Mathieu est un musicien raté puisqu'il ne travaille pas en tant que musicien mais en tant que surveillant dans une école pour enfants difficiles. En effet, quand le film commence à raconter l'histoire de Clément Mathieu, on apprend qu'il est au chômage, donc on sait qu'il ne fait pas carrière dans la musique. Aussi, comme il est surveillant il n'est pas un musicien talentueux. Un musicien *talentueux donne des concerts, comme Pierre Morhange au début du film.*

Aussi, Clément Mathieu est un musicien raté car il n'est pas célèbre et n'est pas riche. En effet, il travaille comme surveillant et il change souvent de travail. Aussi, dans le film il dit qu'il a décidé d'arrêter d'écrire des chansons alors cela montre qu'il n'est pas un musicien célèbre. De plus, au début du film on voit la carrière fantastique de Pierre Morhange et sa position actuelle en tant qu'artiste international puisqu'il est à New York. Cet aspect contraste avec l'échec de Clément Mathieu qui est un musicien raté. Même Rachin dit que Clément Mathieu est un musicien raté et qu'il n'est qu'un pion, « un petit pion ».

Il est aussi un musicien raté car il pense, lui-même, qu'il est un musicien raté. Quand il quitte Fond de l'Étang, il dit qu'il est un musicien raté. Alors si une personne ne pense pas qu'elle est capable d'être célèbre et d'avoir du succès, alors on peut dire que Clément Mathieu a raté sa carrière. Aussi, à la fin du film, on apprend que Clément Mathieu a continué à donner des cours de musique dans l'anonymat. Cela montre qu'il n'est pas devenu célèbre.

Pour finir, on peut dire que Clément Mathieu est un musicien raté car il n'est pas célèbre comme Pierre Morhange.

(345 mots)

Commentaires du correcteur

- The essay has an introduction, a body and a conclusion and it reads quite well.
- Each paragraph has an idea, but there is too much description at times.
- Overall, it is obvious that the candidate has a sound knowledge of the film.
- Although there is some analysis, the essay is more descriptive than analytical.
- The candidate has tried to give different reasons why Clément Mathieu can be considered as a failure but has not considered the essay question fully, with the implication of *jusqu'à quel point*. The candidate should have offered a response giving two sides of the argument.
- The penultimate paragraph is somewhat incoherent and simplistic.
- The conclusion is too short and simply underlines the fact that Clément Mathieu is a failure.
- The language is rather basic with repetition.

9 Top 10 quotations

In order to be able to recall essential aspects of the film, it is advisable for you to focus on quotations. You do not necessarily need to learn them by heart, but it is important to at least paraphrase them when you write about the film.

The following are the top 10 quotations from the film *Les choristes*.

1 « Rachin me fait peur. Cette bâtisse me fait peur. Même les enfants me font peur. » (Clément Mathieu)

- Cette citation est importante puisqu'elle souligne l'appréhension de Clément Mathieu à son arrivée à Fond de l'Étang.
- On comprend aussi que M. Rachin est un homme autoritaire, que Fond de l'Étang est un endroit très peu accueillant et que les élèves sont difficiles.
- Quand on compare les sentiments de Clément Mathieu au début et à la fin du film, on se rend compte de l'évolution de ce personnage qui a conquis les élèves et a défié M. Rachin.
- Ces mots apportent une connotation négative avec la répétition de « me fait peur ».

2 « Ils ne chantent pourtant pas très bien, mais ils chantent. » (Clément Mathieu)

- Cette citation montre l'optimisme de Clément Mathieu, qui ne pense pas qu'il n'y ait rien à faire pour les enfants.
- Si on compare cette phrase avec la qualité du chant de la chorale à la fin du film, on se rend compte de l'évolution des aptitudes des enfants. Grâce à Clément Mathieu, ils auront réussi au moins une chose à Fond de l'Etang.

3 « Action-réaction. » (Chabert)

- Cette citation montre la discipline autoritaire de l'établissement et l'injustice qui y règne. Le manque d'humanité de M. Rachin est aussi évident.
- De plus, comme cette réplique est prononcée par Chabert, on se rend compte que cette sévérité n'est pas seulement imposée par M. Rachin. « Action-réaction » est devenu la dure devise de cet établissement.

4 « Ces enfants m'inspirent. J'étais sûr, je l'savais qu'un jour viendrait où l'on jouerait ma musique. Je m'appelle Clément Mathieu. Je suis musicien. » (Clément Mathieu)

- Cette réplique est importante puisqu'elle montre l'optimisme de Clément Mathieu, qui se sent inspiré par les enfants.

- On se rend compte aussi de la relation réciproque entre Clément Mathieu et les enfants qui s'entraident mutuellement dans leur chemin personnel.
- On apprend les aspirations secrètes de Clément Mathieu, qui veut être reconnu pour son talent.
- Ce moment marque le début de la transformation des enfants grâce à la musique.

« C'est peut-être une illusion, mais pourtant même notre directeur semble gagné par le changement. » (Clément Mathieu) **5**

- Le pouvoir de la musique est très fort.
- Fond de l'Étang est en train de se transformer.
- M. Rachin donne de l'espoir en faisant croire qu'il a changé.

« Je vis seule, c'est ça ? » (Violette) **6**

- Cette réplique de Violette montre bien les attitudes sociales de l'époque. Les femmes célibataires ne correspondaient pas aux normes sociales traditionnelles de la France de l'époque.
- De plus, la situation familiale de Violette explique les raisons pour lesquelles elle peut se sentir différente des autres femmes.

« Et dans les yeux de Morhange qui suivaient si bien ma mesure, je lisais tout à coup beaucoup de choses : de la fierté, la joie d'être pardonné, mais aussi, et c'était bien nouveau pour lui, comme de la reconnaissance. » (Clément Mathieu) **7**

- Il semble qu'un lien très fort lie ces deux personnages, qui se comprennent rien qu'en se regardant.
- Mathieu a finalement réussi à apprivoiser et à changer Pierre Morhange, qui, maintenant, suit sa mesure et lui fait confiance.
- La musique de Mathieu a changé Pierre Morhange profondément en lui donnant confiance en lui-même.

« Ce n'est pas une raison pour leur faire payer votre échec. » (Clément Mathieu à M. Rachin) **8**

- Cette réplique souligne le comportement aigri et sévère de M. Rachin.
- On comprend que la méchanceté et la rancœur de M. Rachin envers les élèves proviennent de ses échecs personnels.
- Clément Mathieu a vaincu sa peur de M. Rachin et lui dit ce qu'il pense de lui.
- Bien que les deux personnes, Clément Mathieu et M. Rachin, n'aient pas réussi leur carrière comme ils l'auraient souhaité, on se rend compte ici que leur attitude face à cet « échec » est différente et cela fait ressortir les différences entre les deux personnages.

9

M. Rachin : « Allez au diable. »
Clément Mathieu : « Je le quitte, au contraire. »

- La méchanceté de M. Rachin ressort ici avec cette phrase qu'il lance à Clément Mathieu. Malgré la réussite de la chorale de Clément Mathieu et ce qu'il a apporté aux enfants, M. Rachin n'hésite pas à le renvoyer.
- La réponse de Clément Mathieu résume clairement les conditions de vie dans ces maisons de rééducation mais aussi l'enfer que M. Rachin fait vivre à tout le monde.
- De plus, si on compare cette réplique à « Rachin me fait peur », on voit très bien que Clément Mathieu a, lui aussi, évolué.

10

« Pépinot avait raison d'y croire. Le jour du renvoi de Mathieu, c'était un samedi. » (Pierre Morhange, adulte)

- La fin du film est optimiste en renforçant l'idée que Clément Mathieu a transmise tout au long du film : il ne faut, en effet, jamais dire jamais. Il faut croire.
- De plus, cette réplique confirme le dénouement de l'histoire de Pépinot, qu'on vient de voir partir avec Clément Mathieu. On comprend alors que Clément Mathieu a certainement adopté Pépinot.

TASK

« À cet instant, je ressentis une bouffée de joie et d'optimisme. » Pourquoi est-ce que cette phrase de Clément Mathieu quand il quitte Fond de l'Étang contraste avec ses pensées au début du film ?

GRADE BOOSTER

Remember that a quotation can be used to illustrate different ideas.

GRADE BOOSTER

Quotations are not the only evidence you can use in your essay to support your ideas. You can refer to particular moments or sequences and you can also rephrase what the characters say.